두
어
른

두 어른

백기완 문정현

오마이북

이 책은 2016년 여름부터 2017년 2월까지 백기완, 문정현 두 어른과 나눈 대거리를 말씀(문제의 제기)과 시의 형식으로 정리한 것입니다.
짧지만 강렬한 100편의 글은 이 땅의 젊은이들에게 들려주는 두 어른의 삶이고 치열한 질문이며 뜨거운 응답입니다. 힘차게 내리치는 죽비 소리이며 함께 맞잡자고 내미는 연대의 두 손입니다.

백기완, 전국노동자대회, 서울역 광장, 2012 ⓒ정택용

백기완은 여든다섯 살이다.

1964년 한일협정반대운동에 뛰어든 이래 평생 민주화운동 현장을 지켰다. 1973년 긴급조치 위반으로, 1979년 계엄법 위반으로 옥고를 치렀다.

노동자들의 대통령 후보로 나선 팔팔했던 1980년대나 해고노동자의 손을 맞잡고 눈물 흘리는 노년의 2017년이나 '이야기꾼 백기완'의 면모는 변함이 없다.

언젠가 말했다. "예수는 노동자였어. 목수였잖아. 노동으로 단련된 몸으로 부당한 사회질서에 대항한 깡다구 있는 인물이었다구."

문정현은 여든 살이다.
1975년 인혁당 수형자들이 사형선고 하루 만에 형장의 이슬이 되고 시신마저 탈취당할 때, 영구차를 가로막고 몸을 던진 젊은 사제였다. 1976년 박정희 영구집권에 반대하는 3·1민주구국선언 사건으로 감옥에 갇혔다. 그늘진 땅 고통받는 이들을 예수로 섬기고, 거리를 교회로 삼아 평생을 보냈다. 매향리·대추리·용산·강정…… 그의 흔적이 배지 않은 고통의 땅이 어디인가.

문정현, 반전평화대행진, 군산, 2009 ⓒ노순택

1. 백기완

'천년을 실패한 도둑'이라는 글귀를 한술 보실까요.

앗딱수(속임수)라도 써서 한탕 치려다가
사람 같지 않은 것 같아서 때려치우고

눈 딱 감고 꿀꺽하려다간
오금이 저려 관두고

남의 피눈물인들 슬쩍하려다간
눈시울이 뜨거워져 그만두고

이와 같이 하려다간 말고 또 하려다간 또 관두고

아, 천년을 두고 실패만 한 까닭은
저도 모르게 사람이 되고자 몸부림친
진땀의 사연은 아닐까.

2. 문정현

매일 싸우고 있어.
거짓과의 싸움이지. 불법, 탈법, 편법, 폭력과의 싸움.
제주 강정마을 구럼비바위 위에 저들이 세운 건 거짓된 국가안보야.
그래서 내가 여기 강정에 6년째 살고 있는데, 참 미치겠어.

서울에서 부산에서 여기저기에서 노동자의 비명 소리가 들리고
툭하면 높은 데 올라가고 툭하면 자살이고
여기저기 다 거짓이 만든 무덤이야.
이를 외면할 수 없고 함께해야 하는데……

이걸 뭐라 하냐면 계급성이라고 그래.
처절한 사람은 처절한 사람이다.
처절하게 살기 때문에 그들과 함께해야 한다.
그들에게 바랄 게 뭐 있냐.
고통받는 그걸로 되는 거다.
그게 같이 있어야 하는 이유다.
빼앗기고 당하는 그 자체로 우리가 함께 있어야 할 이유다.

거짓과 싸워 마침내 거짓을 들춰내려는 사람들.
이게 희망이야.
싸움은 희망이야.

3. 백기완

이 세상에는 하늘도 거울로 삼는 맑은 빛깔이 있다.
그게 무얼까.
쪽빛이다.

쪽빛은 어째서 하늘도 거울로 삼을 만치 맑더냐.
쪽빛은 가만히 있질 않는다.
구정물이 들어와도 걸러내고
똥물이 들어와도 걸러내고
환경 파괴, 방사능이 들어와도 한사코 걸러내서 쪽빛이다.

그러니까 그 어떤 참과 도덕, 그 어떤 깨우침도
끊임없이 걸러내고 새롭게 깨우치질 않으면
썩는다는 뜻이리라.

4. 문정현

강정엔 골고다 언덕이 있어.
해군기지 정문 앞을 그렇게 불러. 능멸의 언덕이지.
거기서 천 명이 연행되고, 560명이 사법처리 재판을 받았어.
58명이 징역을 살았고, 벌금만 4억 원이 넘어.
평화를 추구하는 사람들이 능욕을 당한 곳이야.

어느 날 용역 깡패들이 미사를 방해하고
내 수염을 잡고 내동댕이쳤어.
수염은 내 인격이기도 해.
아파서였는지 처절해서 그랬는지…… 눈물이 나더라고.

그때 나는 이미 몸이 자유롭지 못했다고.
2012년 4월 강정포구 방파제에서 해경과 실랑이를 하다가
그놈이 나를 뿌리치는 바람에 7미터 높이 테트라포드에서 떨어졌어.
살아 있다는 것이 기적이었지.
40일 만에 퇴원해서 깁스를 하고 허리 복대도 하고 있던 터에
수염을 잡고 내동댕이치는 바람에 빠진 그 수염.
볼 때마다 치욕스럽더라고.

진실을 추구하고 폭력을 폭로한다는 것은 치욕적일 수밖에 없어.
우리 사회 곳곳이 골고다 언덕이야.

5. 백기완

밥네라는 말은 식구라는 뜻.
같이 살고 같이 밥을 먹는 사이라는 뜻이지.

이 땅 우리네 사람들은 빌뱅이가 와도 따순 방으로 모셔 왔어.
이게 바로 이 땅 무지랭이들의 보편적인 사람됨이야.
낫 놓고 기역 자도 모르는 사람들의 가슴과 삶에만 있는 새름(정서)이지.
노동자가 되었든 돈 없는 놈이 되었든 오마이뉴스가 되었든
다 한 밥네라고 하는 거야.

하지만 요즈음은 그 밥네를 아예 죽여버리고 있어.
있는 놈들은 있는 놈들끼리만 식구라고 하잖아.
따라서 인류 공동체의 인간적 뿌리를 죽이고 있으니 어떻게 해야 할까.

모든 철학, 사상, 예술, 도덕, 문화부터 이 밥네의 넋으로
회까닥 바뀌어야 하는 것이지.

6. 문정현

불이 나면 다 타버리기 전에 얼른 꺼야겠지.
먼저 본 사람이 물바가지를 들고 뛰어가야 할 거 아냐.

그런데 내가 길바닥에 발을 디딜 때부터 들은 소리가 있어.
나서지 마라, 너무 앞서가지 마라, 천천히 가도 함께 가야 한다.
그런 이야기는 말장난이야.
거짓 명분일 때가 많았어.
아니, 빨리 불을 꺼야 할 거 아냐.

백 선생님 말씀처럼, 산 자여 따르라고 하는데,
그게 옳은 길이라면 따라가야 옳은 길이지.
가는 놈을 붙잡아놓고 함께 가자고 하는 건
하지 말라는 것이지.

그래서 마음이 불편하고 화나는 때가 많았어.

7. 백기완

현대로 와서 독점자본주의는 사람을 어떻게 지배해왔느냐.
정규직과 비정규직으로 갈라놨다.
일터에서 하는 일은 똑같은데 품삯 따위로 딱 갈라놓은 거야.
식민지 지배할 때 제국주의자들이 하던 수법 있잖아.
분할지배, 분열지배의 악덕을 더욱 욱죈 것이지.

이것은 한마디로 반인간적인 범죄야.
노동자의 정당한 계급의식을 파괴하는 반노동자적인 범죄요
썩어가는 자본주의 문명의 반문명적인 만행이라니까.

있는 놈은 있는 놈끼리 하나가 되지만
없는 놈은 없는 놈끼리 하나가 되지 말라는 거야.
노동자들이 하나가 되면 지배할 수 없으니
정규직과 비정규직으로 딱 갈라놓고
반목을 부추기고
모든 이윤 창출은 제 놈들만 독차지하고.

반문명적이고 반인간적이고 반노동자적인 비정규직은 사그리 없애야 해.
이를 비정규직이 깨우치고 정규직이 깨우치고 우리가 깨우쳐야 해.

그러려면 눌데(방)가 하나 있어야 하질 않가서.
우리말로 '바라지' 말이야.

기륭전자 본사, 서울, 2005 ⓒ정택용

바라지는 중심이란 말도 되고 주체란 말도 돼.
이게 '꿀잠'이야.

먼 데서 온 노동자들이 마음 놓고 잘 수 있고
소주 한잔하며 뜻을 갈고 세울 데가 있어야 하잖아.

그러니까 꿀잠은 반문명에 맞선 새 문명을 빚는 바라지라.
아, 꿀잠, 이름도 눈물겹지만 길 잃은 나그네들을 불러에는
가슴 설레는 손짓이 아니고 그 무엇이랴.

8. 문정현

노동자의 아버지.
1980~90년대에 전북에서 나를 그렇게 불렀어.
과분하지.
노동운동이 불법인 시대였고
그만큼 고통받는 노동자들과 함께한 시간이 길었어.

노동은 아름다운 것이고
인간의 품위를 높이는 일인데
노동자들은 빼앗기기만 했어.

그저 부려먹으려고만 하니
그야말로 인간성 파괴지.

함께 저항하면서 느낀 감정도
우리의 노동처럼 눈물겨웠어.
고통의 눈물을 되씹으면서 마음과 마음이 통하는
뜨거운 동지애.
우리 노동과 인간성을 되찾으려는 몸부림이어서
아름다웠지.

9. 백기완

얼마 앞서 민주민족열사 합동추도식엘 갔었는데
나더러 느닷없이 추도사를 하래.
챙겨 오질 못했으니 관두자, 고개만 숙이겠다고 해도 안 된대. 하래.
올라가서 그랬어.

여러분, 민주민족열사들이 이렇게 많이 돌아가셨는데 누가 학살했나요.
이승만 독재, 박정희 독재, 전두환 독재, 이명박 독재, 박근혜 독재 따위들이
모두 우리 열사들을 죽인 겁니다.
한데 이승만 독재의 가장 나쁜 거, 박정희 독재의 가장 나쁜 거, 전두환 독재
의 가장 나쁜 거, 이명박 독재에서도 가장 나쁜 거를 다 모은 것보다도 박근
혜 독재가 더 끔찍하다.
끔찍하다는 건 잔인무도하다는 말.

박근혜 독재는 너무나 끔찍하다 못해 소름이 끼치고 지긋지긋해.
때문에 그 끝장은 무엇보다 쭐이타는(시급한) 일인데
왜 온 시민들이 유신잔재청산위원회를 못 만드는 겁니까.
왜 우리가 그 중심을 못 만드는 겁니까.
힘이 없습니까, 조건이 없습니까, 역사의 요구가 없는 겁니까.
왜, 왜, 왜 이렇게 서글프게 추도식만 해서야……
눈물이 칼이 되어야 세상이 산다는 말도 있질 않습니까.

10. 문정현

농민들이 땅을 빼앗기지 않고 농사를 지을 수 있는 것이 평화.
몸이 불편해서 남의 도움을 받아야만 움직일 수 있는 장애인들이
가고 싶은 곳에 갈 수 있는 것이 평화.
공장에서 쫓겨난 노동자들이 원직복직하는 것이 평화.

하물며 저수지를 서식처로 알고 살아가는 두꺼비 맹꽁이도
개발이라는 이름으로 저수지가 메워지면
필사적으로 언덕을 넘고 산을 넘어 다음 물길을 찾아가는데
이것이 무엇이냐.
자기 서식처를 빼앗기지 않고 생을 누리는 것.
이것이 평화가 아니냐.

평화가 추상적인 것 같지만
우리가 딛고 있는 땅을 쳐다보면 평화의 길이 어디든지 열려 있고
평화를 일궈야 한다는 것은
이런 어려운 세상에서 또 다른 세계로 가는 동력이 되는 것.
우리가 평화를 이룸으로써 또 다른 세계를 이뤄야 한다는 것.

평화는 그리 어려운 말이 아니야.

11. 백기완

〈묏비나리〉, 그건 감옥에서 내가 입으로 쓴 거야.
입으로 웅얼대면서 감옥 천장에 눈으로 새겨 넣은 시가 몇 구절 있지.
모진 고문으로 무릎이 축구공만큼 부었어.
천장에 거꾸로 매달아놓고 갖은 닦달을 하는 바람에
목으로 코로 똥물이 미어지게 나왔어.

5·18 광주에서 시민들은 학살되고
나는 감옥에서 똥오줌을 받아내야 할 만치 어려웠지만
참을 수가 없더라고.
그래서 한사코 천장에 새길 수밖에 없었던 시가 바로 〈묏비나리〉야.

이 썩어 문드러진 세상, 하늘과 땅을 맷돌처럼 벅벅 갈아라.
나는 죽지만 산 자여 따르라.
나는 죽지만 살아 있는 목숨이여 나가서 싸우라.

시는 나불대는 게 아니야.
사람 아닌 악질 살육과 싸우는 이들의 꿈을 빚는 거야.
그걸 비나리라고 하지.
거 왜 글로 긁적거리는 게 아니라 온몸으로 웅얼대는 거 있잖아.

• 〈묏비나리〉: 〈임을 위한 행진곡〉의 모태가 된 시

12. 문정현

사소한 것에 매혹되어 볼 것을 보지 못하는 젊은이들.
우리가 보는 결과는 참담하고, 갈 데까지 가지 않을까 하는 두려움.
완전히 모든 것이 말살되어버리는, 성서적 의미로는 노아의 방주.

내가 이렇게 살아오면서 젊은이들이 많았는데
지금은 어디나 일터나 젊은이들이 없어.
그야말로 진리를 찾고 가치를 찾는 사람들이 적어지면 어떻게 되는 거야?
한군데로 몰려서 빼앗겨버리면
다시 되돌아온다는 것이 쉽지가 않아.

백 선생님 말씀도 외로운 외침일 수밖에 없지.
그런데 외로운 외침이 있어야 해.
그래야 뭐든 생겨.
이것마저도 없으면 시간이 오래 걸려.

그 외침을 듣고 광장에 많이 모여야 해.
그게 힘이야. 진실의 힘.
거짓이 들춰지면 순식간에 박근혜를 쓸어버릴 수 있어.
광장이 활화산처럼 폭발한다고.
사소한 것에 매혹된 젊은이들도 그러면 돌아설 수 있어.
지금까지의 가치관이 확 바뀌는 거지.
그게 광장이야.

13. 백기완

깎아지른 벼랑처럼 삐쭉한 바윗돌, 요만한 틈바구니도 보이지 않는 거기에
어쩌자고 진달래꽃 딱 한 송이가 뿌리를 내려 피어 있어.
그걸 보고 뭐라고 하는 줄 알아?
진달래꽃? 아니야. 바랄꽃이라고 해.

초등학교도 못 다니는, 나보다 몇 살 더 먹은 애가 그래.
"야, 바랄꽃이 피었네."
"언니, 바랄꽃이 뭐야?"
"짜샤, 바랄꽃이 바랄꽃이지. 말 그대로 바랄이야."
"바랄은 뭐냐구."
"그것도 몰라? 꿈이지."

바랄이란 그것을 꾸던 놈이 목숨을 걸고 일구어야지.
그러지 않으면 그 꿈을 꾸던 놈이 죽는 거야.
그런 꿈을 일러 바랄, 바랄꽃이라고 하는 거야.
보라고. 저 바랄꽃 하나가 이따만 한 바윗돌, 죽은 바윗돌을
쌩쌩 살리고 있질 않느냐 이 말이야.
저 한 송이가 이 캄캄한 세상을 하얗게 밝아오게 만들고 있잖아.

사람으로 치면 누가 바랄꽃이냐. 알통밖에 없는 일꾼들이 바랄꽃이지.
아무리 일을 해도 발붙일 데도 없는 이놈의 세상, 거기서 피질 못하는 일꾼
들이지만 내가 바로 바랄꽃이라는 주을대(자존심)가 있어야 해.

14. 문정현

그동안 행정대집행을 다 겪어왔지. 지금까지는 싸움이 되었어.
대추리, 황새울 벌판을 둘러싸서 가로막았듯
여기 구럼비도 높은 벽을 쌓아서 누구든지 들어가면 벌금, 처벌받고.
요즘은 외지에서 강정으로 이사 온 지킴이들이 방을 얻기가 보통 어려운 게
아니야. 우리는 정말 꿀잠 잘 데가 없어.
그래서 컨테이너를 가져왔는데, 그것도 걷어치우려고 해.
구럼비를 들여다보려고 만든 8미터짜리 쇠 망루도 철거 대상이야.

그런데 싸울 마음이 없어. 사람들이 싸울 마음이 없어.
말은 이러고저러고 하는데 그전과는 전혀 다른 분위기야.
이렇게 다들 위축이 된 건…… 돈으로 압박하니까.
해군이 구상권을 청구했는데 그 금액이 34억 5000만 원이야.
마을 재산을 전부 팔아도 안 돼. 그게 엄청나게 위축을 시킨다고.

피 끓는 마음으로 들여다보고 있는데 이걸 일으킬 재간이 있느냐.
정말 주먹 불끈 쥐고 견딜 수 있느냐.
그러면 어떻게 해야 하느냐.

끝까지 버틴다!
뺏길 때 뺏길지언정 버티는 것.
그것밖에 없는 거 같아.
광화문 촛불이 바로 그것!
끝까지 버티는 게 이기는 거야.

자신감을 가져서만, 가로막힌 장벽에도 우지끈 도전하고 명령, 때때소리 때위엔 한 자붐도 흔들리지 말고
도리어 그걸 깨트리는 아, 찾때소리를 내지르시라

명지대 강경대 열사 1주기 추모집회, 1992 ⓒ박승화

15. 백기완

아, 외로운 깃발
비바람이 불고 눈보라가 치면
어기찬 나무들도 잎을 떨굴 뿐더러
날가지까지 져버리지만 바로 그 바람에
뿌리는 더욱 튼튼히 내린다.
그것을 외로운 깃발 그러는 것이다.

무슨 싸움터의 쇠뿔이(영웅)를 말하는 게 아니다.
나는 문정현 신부님의 몸서리치는 아픔을 볼 적마다
문득 돌개바람 몰아치는 외로운 깃발을 떠올리곤 했다.
달려가 뜨거운 소주라도 한 모금 부어드리고 싶었다.

하지만 그러지도 못하고 그저
외로운 깃발 어쩌고만……

회초리로 스스로를 치는 기분이다.

16. 문정현

마음이 아파.
내가 대추리에 살면서 그랬어.
내 발로는 기어나가지 않겠다! 죽어서 나가면 나갔지!
그런데 주민들이 집단 이주할 것이라고는 상상도 못 했어.

혼자 남게 되었지.
맨 마지막에 나왔지만 내 발로 나온 것이 한동안 참기 힘들었어.

지금 강정 주민들 정말 외롭게 남아 있어.
내가 강정을 떠날 수 없는 이유야.
논도 빼앗기고 밭도 빼앗겼지만 이주할 이유는 없다 이거야.
주민들이 남아 있단 말이야.
주민들이 투사냐? 투사이지 않아.

해군기지가 완성되었다고 해서 그들의 거짓 폭력 사기를 덮어버린다면
해군기지의 승승장구잖아.
미군이 최첨단 스텔스 구축함 줌월트를 제주에 배치하고 싶어 하는데
우리 국방부는 미국이 요청하면 검토하겠다고 하잖아.

우리의 해군기지라며? 미국의 해군기지가 될 수 없다며?
다 거짓말이야.

제주 강정마을 해군기지 입구, 2017 ⓒ박승화

우리라도 남아서 거짓을 폭로해야 하는 거야.
그 거짓을 폭로하는 것은 군사문화가 얼마나 위험한지 이야기하는 거야.
남아 있는 주민들과 함께해야만 하는 나의 당위성이야.

우리가 가야 할 목표야.
우리가 이렇게 고통을 겪으면서도 살아남아야 하는
남아 있어야 하는 당위성인 거야.
우린 항상 깨어지고 얻어터졌지만
아직까지는 진 게 아니야.

17. 백기완

죽어가는 사람을 살리는 게 뜨거운 눈물이야.
이걸 조형적으로 실체화하면 따끔한 한 모금이지.

한 모금을 마시면 피가 돌고 몸이 풀리는 그 힘으로
우리 몸을 꽁꽁 묶고 있는 이 역사적 범죄,
우리에게 죽음을 강요하는 억압, 반역적 현실을 타파해야
진짜 우리 몸이 풀리는 거야.

박근혜 독재란 무엇이가서?
침묵을 강요해놓고 그 침묵까지 삼키는 썩은 늪이야.
이 썩어 문드러진 늪을 깨뜨리려면 어떻게 해야겠냐구?
퐁당!
우리 다 함께 뜨거운 눈물 한 방울이라도 되어야 하는 거 아니가서.
그래야 침묵까지 삼키는 썩은 늪이 깨지듯
억압과 착취 체제를 타파할 수가 있다 그 말이다.

18. 문정현

한 발짝만 가자.
가다가 죽자.
한 치라도 가자.
그래도 가자.

19. 백기완

몸뚱아리의 끝을 죽음이라고들 하는데
아니야.
진짜 죽음은 뜻을 저버렸을 때야.
뜻을 저버리면 죽되 싸그리 죽는 거야.
이참 박근혜 독재 일당들은 겉으로는 살아 있는 듯하지만
죽은 시체들이라고.

진짜 죽음은 역사와 함께 끊임없이 전진하는 거야.
생각의 결단만으로 죽음을 초월할 수 있다고 보진 않아.
죽음으로 깨우침, 그게 올바른 역사의 전진이고
끊임없이 깨우치는 과정의 하나가 진짜 죽음이라.

우리 모두 한갓된 죽음은 뿌리치고
강요된 죽음과는 끝까지 맞서 싸우다가
죽어야 사는 깨우침으로, 우리
새 세상을 빚어내야 한다 그 말이다.

20. 문정현

길 위의 신부라는 이름이 참 좋아.
내 남은 생에 힘을 주는 말이 아닌가 생각하고 살아.

백 선생님 보니 참 안타까운데
나도 육체적인 힘이 많이 빠져 있어.
마음이 약해. 다리가 약하고 툭툭 잘 쓰러져. 의식도 잃고.
엊그제도 푹 쓰러져서 비상이었고.
심장도 약하고.

뭔 일을 어떻게 당할지 모르지만
하여간 현장에 있고 싶어.

빼앗긴 곳이 현장이야.
고통받는 곳이 현장이야.
처절한 노동 현장, 세월호 아이들이 있는 곳,
백남기 농민이 사경을 헤매는 곳……
그런 현장에 남고 싶어.
몸이 하나라 광화문 촛불에 못 가면 마음이라도 가 있어야지.

현장에 있다가 마감하는 삶.
바로 그 길 위에.

21. 백기완

무지랭이들의 꿈, '바랄'은 세계 사상사에도 없고 문예사에도 없어.
낫 놓고 기역 자도 모르는 사람들의 꿈이자 염원이라니까.
살아보니까 머리만 굴리는 것들은 가슴이 없어서 그런지
뻔뻔스러운 등빼기(반역자)가 되는 걸 많이 보았지.

나에게 왜 그렇게 의지가 강하냐고 묻는데 나는 의지가 강한 게 아니야.
아무것도 가진 게 없고 목숨과 알통밖에 없어봐.
끝 간 데 없이 굶주려보라고.
그땐 부대끼면 부대낄수록 맞으면 맞을수록
기어코 벌떡 일어서는 내가 있더라고.
그건 뭐이가서. 의지? 신념?
아니야, 강요된 죽음 따위는 끝까지 뿌리치려는 몸부림
그것밖에 없었어. 거기서 깨우친 거야.

이 세상의 참삶은 무엇이더냐.
생명의 승리.
생명 아닌 반생명과 한사코 맞짱 떠 일으키는 참생명을
'살티' 그러는 것이라니까.
이제 우리는 이 썩은 반생명, 사본주의 문녕과 싸워
참생명인 살티를 싹 틔우고 있는 거야.
때문에 한 치인들 물러서면 우린 모두 죽되 한갓되게 죽어.
그러니까 참짜 죽음은 끝이 아니라 앞으로 앞으로 뚫고 나아가는
어기어차 지화자라니까.

22. 문정현

남은 자.
아픈 곳에 머무르는.

시대가 변했다고 해서 딴 길로 가지 않고.
언제나 아픈 곳에 남아 있고자.

그런 마음으로 살고 있어.

23. 백기완

비나리란 글을 모르는 민중들이 온몸으로 내둘(표현)하던 시지.
첫째 뼈대는 달구질이고 둘째 뼈대는 올러대기야.
이 달구질과 올러대기를 하나로 묶은 것을 우리말로 비나리 그러지.
여기서 달구질은 무엇이더냐. 스스로가 스스로를 달구는 거야.
숯불에 쇠를 달구듯이.
야, 기완아, 넌 언젠가 딱 밥 한 끼만 따끈하게 먹을 수 있어도
일생을 굳세게 살 수 있겠다고 하더니
그까짓 거 조금 굶었다고 기가 죽으면 되겠어?
정 배가 고프면 입술이라도 씹으며 일어나 인마.
이렇게 스스로를 일따 세우는 것이 달구질이고.

올러대기란 또 무엇이냐.
박근혜가 오마이뉴스 아무개 잡아가겠다고 하고
언론기관 거래 관계를 몽땅 파헤치겠다고 해도 기죽을 거 없어.
박근혜의 뒤를 캐면 몽땅 거짓말이고 몽땅 사기 협잡이야.
그런데 거짓말쟁이한테 오라가 묶인다고 겁먹으면 되겠어?
야, 오마이뉴스, 힘을 내 인마.
그러는 게 올러대기고.

그 달구질과 올러대기를 하나로 모두어 비나리라고 하는데
그러니 비나리란 한낱 시의 한 형식일까.
아니다, 시의 한 형식일 뿐만 아니라
시를 뛰어넘은 시, 전투적 결의일 터이다.

24. 문정현

사건이 참 많지. 투쟁 현장이 참 많지.
97년 군산에서도 그랬어.
매주 수요일이면 군산 미군기지 앞에 가서 집회를 하고
아스팔트 위에서 뒹굴고
싸움이 길어지면 막걸리 사다가 노동자들과 같이 마시고.
내가 나타나면 미군기지 정문이 닫혀버리니까 그 앞은 해방구였지.

어느 날은 차를 몰고 미군기지 정문을 통과해서 그 안을 막 돌아다녀.
할 줄 모르는 영어로 구호도 외치고
그러다 경찰한테 둘러싸이고
신부님들이 열댓 명 붙어서 같이 다니면 경찰이 어쩔 줄 모르고.

미군기지 울타리를 돌면서 온갖 쓰레기를 다 던졌어.
왜냐. 오폐수 문제 때문에.
전혀 거르지 않고 군산 앞바다에 흘려보내니까.
시커메. 시커메.
그래서 막 돌멩이 갖다가 막기도 하고.

온종일 그렇게 기를 쓰듯 살면 기진맥진해.
이게 사람이야.

25. 백기완

뫼란 산이라는 우리말이야.
빗대면 나는 죽음의 고문 현장, 그 맨마루(산꼭대기)에 꽁꽁 묶여 있지만
스스로를 달구고 세상을 울러대는 아우성이 있었으니
산 자여 따르라고 한
그 산 자란 누구일까.

말로 하기는 좀 무엇하지만
그때 내 몸뚱아리 속 수조 개의 세포여,
네놈들 가운데 단 한 놈이라도 딴 데 신경 쓰면 안 된다.
오로지 이 사람 죽이는 끔찍한 분단 군사독재
저 하나의 영광과 호사 때문에 민중을 다 죽이는 부패독재
사람의 하제, 희망까지 죄 죽이는 이 허무주의 독재 타도에 나서는
어기찬 결단의 세포가 되어야 한다고 외쳤던 게
'산 자여 따르라'는 시였다.

26. 문정현

때론 내 껍데기만 벗겨갔으면 좋겠어.
마음은 가둘 수는 없는 감옥이지.

천하의 장사라도 경찰에 연행되고 조사를 받으면
긴장하고 침이 마르지.
그리고 생똥 싼다고 하잖아. 자꾸 소변도 마렵고 대변도 보고 싶고.
긴장하니까. 그것 자체가 두려움이라면 두려움인데.

감옥에 가면 간다!
이유는? 나는 가족 없는 독신이고, 부양할 사람도 없고,
돈 벌려는 마음도 없고, 그렇다고 배고프진 않고.
어디 가서든지 세끼 밥 먹고 잠만 자면 내 집이라고 생각하고.
감옥도 경험해봤고.

징역살이하는 건 문제가 아니야. 울화통이 터져서 그런 거지.
겁나고 그러진 않아.

지금도 차라리 감옥 가는 게 낫겠다 하는 생각이 들 때가 많아.
안팎으로 너무 힘들 때는.
내 껍데기만이라도.

27. 백기완

사람들이 그래.
선생님은 특수한 역사적 상황에서 특수한 경험을 하시지 않았냐고.

이때 내 맞대(대답)는 그건 아닌데……
요즘도 마찬가지 아니겠어.
열아홉 젊음이 고장 난 지하철 문을 고치다가 라면 하나 놓고 죽었어.
사람들 보는 데서.

대통령이 있고 돈 많은 재벌이 있고 경찰·검찰이 있고 다 있는데
라면 하나를 놓고 죽었잖아.
있다는 것들은 다 잘 먹고 잘사는데 그 열아홉 젊음이 죽었잖아.

그렇다고 하면 지난날 내가 겪은 것과 요즘이 하나도 다르질 않아.
요즘도 내가 거리에 나서는 건 그래서 그런 거지요.
사람이라고 하면 제 현실과 세상의 현실을 나누어 살면 안 됩니다.

우리는 모두 오늘의 역사적 현장에 함께 있나니
오늘의 부패, 그 모순과 떡하니 맞짱을 떠야 하는 거다.
그런 과제 앞에서 늙고 젊고가 어디 있어요.
진짜 사람이라고 한다면 말이야.

28. 문정현

내가 길에 나선 지 벌써 40년이 넘어.
그동안 한 10년 거리로 큰 변화가 오더라고.
박정희가 79년에 죽고 전두환 시대가 오고, 87년에 큰 변화 6·10항쟁이 오고,
2000년 초에는 효순이 미선이 사건, 이라크 파병……
이런 사회적 큰 변화, 소용돌이치는 변화.

이런 데 투신했던 사람으로서 스스로 놀라게 되지.
내 힘인 것도 아니고, 어떻게 무르익어서 이런 변화가 오는지.
그 변화가 기기묘묘하게 먹혀서 또 정반대의 일이 되기도 하고.

제 힘은 아니라는 거야. 나의 힘은 아니라는 거야.
내가 할 수 있는 것은 뒤로 물러서지 않는 거야.
해군기지를 다 지었다고 해도 내가 마음을 바꾸지 않는 이유야.
여기 계속 있어야 해. 여기에서 끝까지. 어떤 멸시와 능욕을 당하더라도.

이명박, 박근혜 정권 시절을 살면서 변화를 얼마나 기다렸던가.
내가 믿는 하느님도 의심할 정도였지만
급기야 촛불바다가 몰려왔으니 올 게 온 게지.
큰 변화를 가져와야 할 텐데……

촛불혁명.
거짓은 절대 감출 수 없어. 드러나기 마련이지.
혁명은 그때 일어나는 거야. 반드시 올 거야.

구럼비바위 파괴 저지투쟁, 제주 강정마을, 2012 ⓒ노순택

누구라도 남아야지.
거짓이 드러났을 때
누군가는 남아 있어야만
박차고 오를 수 있어.

29. 백기완

민중사상, 그건 무얼까.
이 세상의 '내 거'란 모두 빼앗은 것이다.
따라서 그 내 거라는 건 모두 거짓이다.
그게 민중사상이야.
그러니까 그 사상을 달리 말하면
하얀 밤꽃에 맺힌 이슬이라고도 했지요.

밤에도 눈을 뜬 밤꽃은 밤을 어두움으로 놔두질 않는다.
하얀 이불처럼 피어나는 게 있다. 그게 이슬이다.
밤에도 눈물겹게 일을 하고 꿈을 꾼다 그 말이다.

그렇다, 탱탱 익은 밤은 혼자 먹는 게 아니다.
다람쥐도 먹고 사람도 먹고
이웃끼리 다 나눠 먹는 거지
네 거, 내 거가 아니다.

그런 밤꽃에 맺힌 이슬이란 무얼까.
사람은 다 같이 일로 하나 되고
사람으로 하나가 될 때
이슬처럼 맑아진다.
그게 진짜 사상, 민중사상이다, 그런 뜻이지요.

30. 문정현

그 누가 멸시를 좋아하고
그 누가 얻어맞길 좋아할까.

하지만 그것 때문에 회피할 수 없고 물러설 수 없다.
그 자리에 남아 있어야 한다.

간절한 마음으로 변화를 기다리지만
또 그것이 언제 올 줄 모르고
막막하고.

그렇지만 언젠가 올 것이라는 믿음을 가지고 있어.

31. 백기완

비주란 어려운 말로는 창조라는 뜻.
떡을 빚는다, 술을 빚는다고 하잖아.
노동이란 바로 비주야.

우리가 쓰는 물건도 빚어내고
땀의 매듭도 모두 빚어내는 것이지만
짜배기(진짜)로는 억압과 착취, 몰아 갖기, 그 죄악을 짓부수고
사람이 사람됨을 빚어낼 뿐더러
사람이 사람으로 살 수 있는 벗나래(세상)를 빚어내는 거
그게 바로 비주이니

비주란 무엇이겠어.
바로 노동이요, 따라서 참노동은
새로운 문명을 빚어낼 때
그게 바로 비주라는 겁니다.

32. 문정현

피땀을 흘려 이룬 이 노동운동 자체가 무산되고
더 나빠지고 더 어려워지고
그래서 비정규직, 정규직처럼 어려운 사태가 오잖아.
지금도 뭐 하나 되는 게 없잖아.

세월호를 봐. 어마어마한 사건이야.
용납할 수 없는 일이야.
그런데도 힘은 안 모아지잖아.

하지만 그것을 견디는 것.
변화가 올 것이라는 믿음.
수차례 경험도 했고
스스로가 놀라고 전부가 놀랐던 큰 변화가 왔었으니까.

지금은 10년, 20년 동안 변화가 없는 거야.
김대중, 노무현 때도 정말 힘들었어. 이때도 나 재판받고 그랬어.

두려움이 없다는 것은 거짓말이야.
다만 두려움 때문에 물러서고 마음을 바꾸고 싶진 않아.
그 자리에 있을 거야.

33. 백기완

한마디로 분단은 강요된 비극, 침략 상황이다.
따라서 반침략 싸움만이 분단의 해결이다.

그런데 세월이 지난 이참은 있는 놈과 없는 놈으로 딱 갈라놓았어.
남쪽과 북쪽으로만 갈라진 게 아니라구.
있는 놈과 없는 놈, 나쁜 놈과 착한 놈,
죽일 놈과 살릴 놈으로 떡하니 갈라져 있는 거야.

이때 참통일이란 무엇이겠어요.
죽일 놈들 나쁜 놈들을 청산하는 거
그게 바로 참통일이 아니겠어요.
이 민족적인 비극 안에 진짜 비극,
세계사적 분열의 비극 속에서 살아왔기에
죽음을 강요당하고 있는 민중이 주도하는
해방통일만이 참짜 통일이라고 생각하는 거지요.

따라서 이 분단, 분열은 오늘의 독점자본주의 세계 분열 구조의 한 단면이라.
우리네 통일은 있는 이와 없는 이로 딱 갈라진 분단의 통일이니
그것이야말로 세계 통일의 첫걸음이라고 믿는 겁니다.

34. 문정현

배워서 알고 그러는 게 아니야.
그동안의 체험으로 보면 언젠가 변화가 온다는 거야.

그러니 변치 말고 그 자리에 남아 있어라.
세상이 어떻게 되더라도 남아 있어라.
그리고 기다려라.
기다려라.

그냥 막막하게 기다리는 것이 아니라 간절한 마음이지.
정말로 변화를 바라는 간절함.

35. 백기완

오늘을 사는 이 땅을 '헬'이라고 하는 젊은이들이 많다면서요.
헬이라는 것이 이런 거잖아요.
우리 사람으로서는 도제 어쩌지 못하는 고약한 지옥.
하지만 우리네는 그 지옥을 '얄곳' 그래왔지요.
사람이 사람으로 살 수 없는 세상이란 뜻이지요.

사람이 깨뜨려야 할 못된 곳, 이를테면
엄청난 땀의 매듭을 몇 놈이 몰아 쥔 세상
썩어빠진 독점자본주의 문명이 지배하는 세상은
사람이 사람으로 살 수가 없는 얄곳이다.

그래서 이 썩은 얄곳을 갈아엎고선
사람이 사람으로 살 수 있는 '살곳'을 만들어야겠다는 의지는
한낱 꿈이 아닙니다.
역사였습니다. 아니 광명이나니,
젊은이들이여, 힘을 내시라.

깜떼, 어려운 말로 절망은 마땅쇠(결코) 패배의 늪이 아닌 겁니다.
목숨이 있다면 반드시 깨뜨려야 할 간들(운명)인 것이니
젊은이들, 아, 어기찬 우리네 젊은이들이여.

36. 문정현

나만 생각하고 내 일만 생각한다면 무슨 희망이 있겠어?
한 발짝이라도 빨리 좋은 사회를 만들기 위해서는 마음을 모아야 해.

한 발짝이라도 다가가고 직접 보게 되면 무엇인가 할 수 있고
이런 마음이 있어야만 희망적인 사회, 사람이 살 수 있는 곳이 돼.

'꿀잠' 같은 집을 통해 정규직, 비정규직이 한데 모여서
이 지긋지긋한 자본과 권력을 견제하거나 쓰러뜨리는 것밖에
다른 길은 없어.

37. 백기완

나는 몇 권의 시집이 있을 만치 시를 긁적거려왔다.
하지만 누가 쓰라고 해서 쓴 것은 단 한 꼭지도 없다.
지겨운 힘살이 절로 내뱉는 무지땀(비지땀보다 더 끈끈한 땀)처럼
아니 커단 울음이 복받쳐 터져나오는 피눈물처럼
나름으로 솟구쳐 나온 것들이지 꾸몄다든가
스스로를 즐겼다든가 그런 것들은 하나도 없다.

그렇다고 하면 나에게 시란 무엇이었을까.
쓰러진 나를 일따 세우는 웅얼거림이었다.
아니 빼앗긴 나를 다시 찾는 나의 안간 불림이었다고 할까.
아무튼 나는 내 시가 없었으면 벌써 죽었다.

> 모래 언덕에 떠밀린 한조박 미역쪼가리 마냥
> 끈끈히 젖는 나그네라 비웃지 마라
> 바다, 저 바다는 내 잔뼈가 굵은 넓은 세상
> 스스로 묶은 사슬은 이미 끊어졌노라
> ─시 〈태풍〉(1981)의 한 대목

김은 그림자도 아니 남은 밤비다의 울렁거림
엄청난 태풍에 떠밀려 들어온 여러 천 마리의 바닷가 모기와
맨몸으로 싸우며 먹개(벽)에 주먹으로 긁적거렸던 시다.

- 안간: 겨우겨우 터져나오는 소리
- 불림: 주어진 판, 죽음의 판을 깨뜨리고 새로운 판을 일구는 한소리

38. 문정현

시인이 시를 쓰듯
소설가가 소설을 쓰듯
나는 칼로 나무를 깎아.

깊은 생각을 함축적으로 표현하는 게 시야.
시인의 삶, 시인의 깊은 생각에 미치면
빨려 들어갈 수밖에 없지.
그 깊이를 알게 되면 동화되고
똑같이 그런 마음으로 분노가 표출되는 것 아닌가.

광주의 시인, 김남주.
신랄하게 유신을 욕하던 그분의 시는 현장문학이지.
역사와 그분의 삶을 가까이 보면서 그 시가 몸에 와닿는 것이지.
소설도 그렇고 모든 예술이 그렇지.
단순히 기교만은 아니지.
기교 안에 삶과 사상이 여러 방향으로 표출되는 것이지.

내 새김판을 예술이라고 생각하지는 않아.
내 속에서 우러나오는 말을 칼로 새길 뿐이야.
기도서에 나오는 말씀도 칼과 망치를 들고 새겨.
마음에도 새기지.
기도이고 묵상이지.

39. 백기완

사람에게 가장 두려운 것은 무엇일 것 같으우.
나로 보면 못 견디게 울렁대는 배고픔이었습니다.

언젠가 너무나 춥고 배가 고파 거리에서 으슬으슬 떨고 있을 때
눈을 들면 가겟방도 있고 쌀집도 있고 밥집도 있어.
그런데 돈이 없으면 끝내 절망을 강요받게 돼. 배알이 꼴리더라구.
왜 먹을 것이 저렇게 많은데 사람은 굶어 죽어야만 하느냐고.
하마터면 강도가 될 뻔했지.

《장발장》이라고 하는 소설 알지?
유리창 안에 먹을 것이 있거든.
먹을 것은 있는데 왜 유리창으로 막아놓고 돈이 없으면 못 먹느냐.
봉건 사회에서 자본주의 사회로 넘어오는 그 때름(시기)에
그런 모순이 우리를 지배할 때
한 작가가 쨍하고 그 유리를 깼단 말이야.
벌써 여러 백 년 앞서 유리창 속에 있던 빵을 낚아채 먹는
그렇게 올바로 몸부림친 작가도 있었잖아.

이참도 가장 두려운 게 배고픔인데 왜들 가만히 있느냐 말이다.
마땅히 같이 좀 살자고 벌컥 일어나
이 모랏돈(독점자본)이 내려친 어두움을 깨뜨려야 하는 게 아니겠어?
내 말이 틀렸어? 틀렸냐구.

40. 문정현

나는 어려운 말을 잘 못 써. 삶이니 사상이니 뭐 이런 거.
그건 어휘가 풍부한 사람들, 책을 많이 읽은 사람들이 하는 일이지.
이런 길바닥에서 사는 사람들은
그런 추상적인, 개념적인 단어를 잘 쓰질 못해.

그러니 뭘 표현하려면 말이 길어질 수 있지.
함축적인 단어가 있을 텐데
그런 건 시인이나 문학인들이 잘하겠지.

밀양 할머니들이 이야기할 때는 그런 거 안 쓰잖아.
할머니들 문장이 좋아서도 아니고.
그런데 사람들이 빨려 들어가잖아.
울면 같이 울고, 웃으며 노래하면 같이 하하 웃고.

"불법적 폭력으로 세워진 송전탑을 뽑아낼 때까지 끝까지 싸운다."
이게 역사를 만들고 철학을 만들어.

다 내놓는 마음.
그게 길 위의 삶이야.
그 삶이 없으면 역사와 학문도 없어.
삶의 현장에 기초해서 세운 것이 이론이거든.

41. 백기완

암만 몸부림을 쳐봐도 앞이 안 보여. 그야말로 깜깜해.
묵직한 담이 가로막고 법이 가로막고 총칼이 가로막아 앞이 안 보여.
사람이 욱지른(강요한) 어두움, 절망. 그것을 우리말로 깜떼라 그래.
하지만 그 깜떼 앞에서 물러서면 제가 저를 죽이는 자살행위라.
그 깜떼 따위는 볼 것도 없이 그냥
어영차 갈라치란 말이야, 젊은이들이여!

있는 놈들이 내리는 명령을 무어라고 하는 줄 아시우.
띠따라고 해.
하지만 그 데데한 띠따쯤은 한사위(한칼)로 깨뜨리는 소리가 있어.
그게 무언 줄 아느냐구. 하늘의 벼락소리인 줄 알아? 아니야.
뿔 돋친 사람의 온몸에서 나오는 소리만이 띠따를 깨나니
그게 무엇이가서. 바로 괏따소리야.
아, 그 괏따소리의 알기(주인) 젊은이들이여!

가난, 굶주림, 실업 따위에만 맴치질(취하질) 말고
저 몰아 쥔 독점, 부패, 사람 아닌 것들의 띠따에 도전하시라.
그렇다, 벼락보다 더 무지무지한 괏따소리의 주인공이시여!
자신감을 가지시라. 가로막힌 장벽에도 우시끈 도전하고
명령, 띠따소리 따위엔 한 꼬물도 흔들리질 말고
도리어 그걸 깨뜨리는 아, 괏따소리를 내지르시라, 괏따소리.

42. 문정현

아침 일찍 서각하고
전날 밤 묵상한 것으로 미사하면서 생각 나누고
미사 끝나면 해군기지 앞에 올라가서 노래 부르고
정해진 곡에 맞춰서 춤도 추고
해군기지 정문을 돌아서 오는 게 하루 일과야.

그런데 여기에 변수가 생겨.
엊그제는 탄약을 실은 군용 트럭이 '폭발물'이라는 표시만 하고
마을로 들어오려는 걸 우리가 막았어.
폭발물을 이동할 때는 법이 있다고. 안전장치가 있어야 해.
불법이야. 강정 주민들을 무시하는 거야.

저번에는 완전무장하고 총 들고 마을 주변을 누비는 것도 우리가 막았어.
그런데 모독죄다, 교통방해다, 소환장이 줄줄이 왔지.
소송을 당하고 재판을 받고.

이런 일의 연속이야.
그런데 무슨 사상을 이야기하고 무슨 예술을 이야기해.
나는 그런 데까지 가지도 못해.

43. 백기완

글로 쓰고 그림으로 빚고 굿으로 꾸려야만 예술인가.
아니야.
삶이 바로 예술이야.
글을 모르는 까막눈도 예술은 있었단 말이다.
그러니까……

안간 말 한마디에도 예술이 있어야 하고
밥 먹는 숟갈질, 입놀림에도 예술이 있어야 하고
어쩔 수 없는 노동, 그 신음도 예술이어야 해.

가다간 짓밟히고 또 가다간 더 짓이겨지고
그래도 또 가려고 꿈틀대는 거.
거꾸로 매달려 기껏 고추장에 비빈 보리밥을 시뻘겋게 게우면서도
끝까지 대들(저항)하는 어기찬 살티(참생명)의 몸부림.
그게 날 나름의 사람으로 깨우쳤다고.
그게 바로 내 예술이었다니까.

44. 문정현

껍데기는 가라, 이 말을 제일 처음 나무에 새겼어.
왜냐. 껍데기들을 너무 많이 보니까.

박정희가 죽었는데, 내가 어디 청와대에나 있는 인물 같더라고.
당시 공화당에 있던 놈들이 살려고 날 찾아오더라고.
정치에 발 들이려는 놈들이 날 찾아오더라고.
내가 김대중하고 징역살이 같이한 감옥 동지라고 그러는 거야.
잠깐 착각했잖아. 내가 권력자나 된 것처럼.
아니야. 나쁜 놈들이더라고. 나를 이용하려고 한 거지.
날 방패막이로 하려고 찾아온 거야.

민주화운동 하면서도 많이 봤어.
어려운 때 밥을 사줘도 아깝지 않았고, 잠을 재워줘도 아깝지 않았고,
숨겨줘도 주저 없었던, 그야말로 동지로서 했는데.
전두환 정권 무너지고 김영삼 때부터
참 가까이하던 친구들이 3분의 1 떨어져 나가더라고.
김대중 때 3분의 1, 노무현 때 3분의 1 떨어져 나가더라고.
그 사람들이 잠깐 정치에 발 들여서 권력을 잡았지만 길게 가지 않더라고.
제자리로 올까 생각했지만 절대로 제자리에 오질 않더라고.

진짜 껍데기들이었어.

미군기지 확장 저지투쟁, 평택 대추리, 2005 ⓒ노순택

우린 항상 깨어지고 얻어터졌지만
아직까지는 진 게 아니야.
현장에 있다가 마감하는 삶.
바로 그 길 위에.

45. 백기완

살아보면 사람이 가장 힘들었다.
사람 같은 사람을 만나기도 어려웠지만 믿기가 그리 어려웠지.
그렇다고 사람을 안 믿는 건 사람이 아니고.

사람이라는 게 말이다,
좀 두둑해지고 유명해지고 그러면 마냥 희뜩해지더라구.

사람에게 등을 돌린 잔인무도한 독점재벌들
박근혜가 바로 그 짝이지.

따슨 방에 등을 대고 누워 있어봐.
짓밟히는 이들의 안타까운 신음소린 듣기가 싫고
바람 찬 곳으로 나가긴 더욱 으스스해.
그러면 어더렇게 되가서.

어더렇게 되긴
바로 그때부터 등때기가 썩는 법이야.
생각도 푹푹 썩는다니까.

46. 문정현

난 끝까지 길바닥에 있잖아.
그러면 청와대에 가 있는 놈들이 그래.
"신부님, 남북문제가 이런데…… 대추리보다 더 중요한 일 아닙니까?"

뭐, 이 자식아? 대추리 주민들의 피눈물을 몰라?

내가 대추리에 있을 때 잠깐 집에 들렀어.
그런데 어떻게 알고 청와대 간부 놈들이 찾아와서 부탁하는 거야.
"남북문제에 상당히 깊이 들어가고 있는데, 농어촌 관계 대표로 접촉을 해주십시오."

재떨이를 던져버렸어.

이 더러운 놈들아, 나를 이런 식으로 대추리에서 뽑아내려고 해?
내가 여기 내려온 걸 어떻게 알았어? 나 사찰했지?
쫓아내버렸어.

그런 놈들이 널렸어. 그런 놈들이 껍데기야.

·

47. 백기완

독점자본주의 체제에서 가장 죽을 맛인 건 누구냐.
노동자 농민 서민들 아니야?
때문에 내 말은 그 사람들이 알기(주체)가 돼서
참짜 변혁운동을 해야 한다 그 말이다.

그 변혁은 굶주리게 되면 때론 급진적으로 나갈 수도 있지만
한사코 사람, 다시 말해 민중적으로 나아가야 돼.
자본주의 문명으론 전혀 안 된다, 도통 안 된다고 하는
아주 또렷한 깨우침에서부터 차믐(출발)해야 한단 말이다.

이 썩어 문드러진 체제에서 가장 피해를 받고 있는 이들이
참목숨 같은 변혁을 일구려고 몸부림을 쳐야 하는데
그땐 꼭 앞내(전제)가 되어야 할 것이 있지.
자본주의는 어디가 잘못됐고, 무엇이 치명적이냐.
따라서 참변혁이란 어떤 것이냐.

이에 마주해 올바르고 또렷한 깨우침과 삶이 없으면
변혁운동은 말짱 말로만 변혁운동이지
어설픈 이리지리가 되어버릴 띨끼(가능성)가 많아.
우리들이 늘 지긋지긋하게 겪고 있잖아.
그런데도 어물어물 이 세속을 따라가려구? 그러면 안 되지.
그게 곧 깨뜨려버려야 할 자기분열, 파탄이라니까.

48. 문정현

사람에 대한 애정 때문이야.
그래서 아이도 좋아하는 거지.
인혁당을 비롯해서 오송회, 아람회 이런 사건들도
다 사람에 대한 애정 때문에 그런 거야.

어떻게 사람이 이럴 수 있는가.
어떻게 사람이 사람을 고문할 수 있는가.
어떻게 사람이 권력을 이렇게 이용할 수 있는가.

당한 사람은 어떡하고, 그 자식들은 어떡하나.
그 트라우마가 보통이 아니잖아.

인간에 대한 애정 때문에 그렇게 끈질기게 했어.
인혁당 사람들과도 33년을 같이 살았잖아.

내가 아직도 길 위에 남아 있는 건 연민, 사랑, 눈물……
이런 것 때문이야.
예수님도 '머리 둘 곳이 없다'고 했어.
길 위에서 사람을 치유하고
나쁜 놈들을 향해 가차 없이 비판하면서
천대받는 사람들 편에 서 있었어.

49. 백기완

자본주의 문명엔 네 가지 재앙이 있는데 그게 무언 줄 알아?

첫째, 강탈, 독점의 용서 못할 범죄를 철저하게 눈 가리려는 거짓이요.
둘째, 부패, 타락, 방종, 배신까지 문화로 꾸리는 뻔뻔치요.
셋째, 생명을 죽이는 반생명을 권력화하는 속임수요.
넷째, 사람의 꿈, 인류의 꿈을 내 거라는 데서부터 조작하는 것.

이들 가운데서도 가장 빼뚤한 내둘이 무엇이가서?
바로 비정규직이야.

그럼 비정규직이 정규직만 되면 다 해결되느냐.
비정규직부터 해결하면 그때는 참희망은 무어냐가 다가오지.

땀 흘리는 이가 역사의 주인이라는 것.
아니, 역사 발전의 주인이라는 것.
아니, 역사 창조의 주인임을 또렷하게 깨우치게 되고
바로 그때부터 인류의 참희망이 빚어지는 것.
아니, 사람이 참사람이 되는 거란 말이다.

50. 문정현

박근혜보다 세상이 더 미쳤지.
박근혜가 정권을 연장하고 그런 문제가 아니라 국민들의 의식이……
사회가 각박해질 수밖에 없어. 정신이 파괴되고.

정신적 유산이란 게 있잖아.
안중근 의사 어머니 말씀 알아?
"항소하지 마라. 비겁하게 삶을 구걸하지 마라.
내가 너의 수의를 지어 보내니 이 옷을 입고 가거라."
나라와 민족을 위해서 투신하는 그런 마음을 이제 어디서 찾을까.

그런 마음을 가진 사람을 빨갱이, 좌빨, 종북으로 몰아세우고
국민을 부패시키잖아.
보통 일이 아니지. 보통 일이 아니야.

정직한 것이 살아날 수 없는 사회가 되었어.
이것이 박근혜보다 더 절망적이야.

세월호 같은 문제를 어떻게 미적미적할 수 있어?
어떻게 주저할 수 있냐고. 그만큼 타락한 거야.
박근혜보다 세상이 더 절망적이야.

51. 백기완

참된 민주화운동은 끝난 게 아니다. 이참도 이어지고 있지만.
몇십 년 앞서엔 대중이 함께해줬으나
이참엔 좀 달라졌다고 보아야지. 모두가 함께해주질 않아.
왜냐. 권력과 체제는 속이고, 우리는 그 앗딱수에 속고 있는 꼴이지.

이참 우리가 사는 체제 자체가 억압이고 착취만 하는 반생명이야.
근본적으로 반민주적인 체제가 되어버렸어.

조금만 올바른 소릴 내도
종북으로 몰지 않으면 극악한 파괴분자로 때려 몰아버려.
농민으로 노동자로 착한 서민으로 살겠다고만 해도 잡아가고
물대포로 조준사격, 확인사살까지 해서 죽이고 바다에 처넣고.

그 폭악성으로 우리를 갈기갈기 찢겨진 소시민으로 만들어가.
아무리 애써봐야 나만 손해 본다는 거야.
그 손해라는, 그 내 거라는 논법에 따르면 애쓰던 사람은 다 못살고
우리를 탄압하던 놈들과 거기에 빌붙었던 놈들은
지금도 잘사는 것으로 드러나고, 여기에 또 속고 흔들려.

그걸 뭐라고 그래야 할까.
옳지, 소시민적으로 우리들을 썩히고 있어.
올바른 시민의식은 없고
나약한 소시민, 이기주의자로 타락시키고 있어.

서울 대학로 통일문제연구소, 2016 ⓒ정택용

이런 땐 어떻게 해야 하나. 딴 건 없다.
참된 민중문화가 싹터야 해.

썩은 자본주의 문명을 갈라칠
아, 참생명 살티의 거센 몸부림이여!
'아리아리 떵'이라는 불림에 따라 일어나시라.

52. 문정현

정직한 마음을 지니고 살면 미련한 사람이 될 수밖에 없어.
낙오자가 돼.
적어도 우리라도 미련한 자를 자처하는 수밖에 없어.
용납할 수 없으니까.

다행히 남쪽 땅 아픈 곳마다 젊은 신부들이 들어가 미사를 하고 있어.
눈물겨워.
세월호 추모 미사를 하고, 백남기 농민 진상 규명을 위해서도 그렇고,
아무것도 아니지만 거기에 남아 있는 거야.

세상에서 볼 때 미련하고, 저래 봐야 무슨 소용 있나,
정권을 어떻게 이기나, 체념적인 가운데
소수지만 그걸 거슬러서 서 있다는 것은 그야말로 가치 있는 일이지.

그런 것들이 모아져야 하는데 잘 안 돼.
광화문에서 미사를 하면 인산인해가 된다든가 해야 하는데
그런 일이 안 이뤄지잖아.
그래도 실망하지 말고 그편에 서 있어야지.
그러면서 기다려야지.

정직한 사람이 지금은 낙오자같이 보이지만
그게 아냐. 진실을 좇는 사람이 언젠가는 이겨.

53. 백기완

'두 어른' 전시회에서 문 신부님 새김판과 내 붓글씨가 다 팔렸다지.
그 말에 난 그저 울어버렸어.
어떤 이는 저 할아버지는 눈물이 많다고도 한다.
하지만 아니다. 사람의 눈물그릇은 다 똑같아.

내 한살매(일생) 동안 무엇을 했단 말인가.
목숨을 내놓았어야지 붓이나 들다니.

그런데도 다 팔렸다고 하니 놀랍기도 하고
아무튼 무어든 잘된 적은 단 한술도 없었는데…… 라는 회오리도 일고.
해서 내가 울었다는 것을 털어놓고자 해.

정말로 비정규직 문제를 해결하려고 하면
이 땅의 양심과 노동자 농민 서민이 다 하나가 되어서
독점자본주의 문명은 안 되겠다는 어기찬 운동을 일으켜야 돼.
꿀잠도 이제 막 첫걸음이긴 하지만
벗이여! 더욱 힘내시라.
울부짖고 안타까워나 하는 백기완이 인마, 너도 넋살(정신) 차려 인마.

54. 문정현

용산 끝머리가 참 힘들었어.
울며 살고, 술로 살았지.
사람들이 다 지쳐버리더라고. 그때 참 힘들었어.
남일당 현장에서 세끼 밥을 먹고 살았는데, 못 먹겠더라고.
사람들 보기가 너무 힘들었어.

마지막으로 장례 치르고 집으로 내려왔는데 미치고 환장하겠어.
그래서 서각을 시작했어.

'두 어른' 전시회를 하겠다고
노순택, 송경동, 신유아가 찾아와서 도와달라고 갖은 알랑방귀를 뀌고
그래서 다 가져가라 그랬어.
처음에는 새김판 80점을 가져갔는데
나중에 6점을 더 보냈어. 86점이 간 거야.
안 팔리면 어쩌나 걱정했지.

비정규직에 대한 애정 때문에 샀겠지. 그 취지 때문에.
그 작품이 싼 것도 아니었잖아? 옹골지게 비쌌지.
낯 뜨거워서……
그래도 팔렸다고 하니까 흐뭇하고, 도움이 되네 싶으면서도……
'꿀잠' 만드는 데 10억이 든다며?
그 생각하니 갈 길이 멀어.

55. 백기완

오늘, 현대는 거짓말과 위선이 제 마음대로 휘두르는 세상이야.
박근혜처럼 거짓말만 하는 사람 있잖아.
저밖에 모르고, 떼부자가 됐으면서도 사업 안 된다고 엄살떠는
거짓말쟁이 자본가들 말이야.
돈벌이 안 되는 걸 노동자, 농민에게 들씌우는 사기꾼들
이런 못된 것들을 어떡해야 하느냐.
요즘 법과 질서는 물리력까지 동원해 그 범죄를 부추기고 있지만
옛날 낫 놓고 기역 자도 모르는 사람들은 '달거지'를 시켜야 한다고 했어.

거짓말만 하고 협잡 사기만 치고 남의 것을 빼앗고도 잘났다고 떵떵거리는
위선과 패륜, 폭악한 것들을 몽땅 바다에 처넣고 달을 건져 오라는 거야.
달을 건져 와야 너를 살려준다는 달거지 말이야.
바다에 잠긴 달을 잡으려면 자꾸 헤엄치게 되잖아.
그럼 입었던 옷, 감투까지 다 벗겨지는데도 달은 안 잡히거든.

"나으리, 내 옷도 벗겨지고 내 벼슬, 내 체통도 다 벗겨졌는데 달은 영 안 잡히는데요."
"네놈이 사람 죽이고 뺏어댄 네 범죄와 그 뚱속(욕심)은 못 벗어 달이 안 잡히느니라. 그러니 네 거짓 사랑, 거짓 명예도 나 벗고 알몸이 되면 달은 쇼박 껏 네 가슴에 안겨지게 되느니라."

그래서 저 깊은 바다엘 가면 그 시퍼런 달거지는 아직도 이어지고 있다는……
그 달거지로 이놈의 세상을 그저 몽땅 바다에 처넣어야……

56. 문정현

사람이 너무 연약하기 때문에 금방 변하고
투신해야지 했다가도 팍 주저앉고
사회정의라든가 그런 옳은 일에 망설이고.

그렇지만 나라도 고수해야지.
소수라도 고수하는 사람이 있어야지.

무엇인가 전달이 되었을 때
그런 때가 와야 무슨 변화도 오는 거지.

몇 사람의 힘은 아니야.
그러나 자기 자신의 삶은 철저해야 해.
가혹할 정도로 철저해야 해.

내 시야에 고통받는 사람이 보일 때 주저하지 마라.
즉시 움직여라. 마음을 줘라.
이런 마음을 유보하지 마라.

57. 백기완

도둑이 도둑질을 한 뒤엔 틀림없이 제 발이 저리다.
하지만 도둑 가운데 도둑,
악독한 살인마는 ㄲ떡도 없다는 말은 무슨 뜻일까.
쌀도둑은 그래도 쌀독째 메고 가진 않는다.
엔만치만 퍼가지.

하지만 살인마는 사람을 죽이고도 영웅.
쌀뒤주뿐이랴 몽땅 다 쓸어갔는데도 영웅호걸이 된다.
왜 그럴까.

세상이라는 게
그 너덜나는 살육을 본질로 하고 있기 때문이다.
그러니까 사람이 사람을 죽이는 사갈(범죄)을 뿌리째 뽑으려면
어떻게 해야만 할까.

이 세상과 나라의 된깔(본질)이 사람을 죽이지 않는 나라
제국주의가 아니라 참된 민주의 세상을 만들어야만 하는 것이다.

58. 문정현

아픈 곳에 예민해야 해.
그래야 깊은 연민이 생겨.
그 연민 때문에 다가가는 거야.
그랬을 때 할 것이 보이고 최소한이라도 하고 신뢰도 생기고.
돈 문제 아니야. 마음의 문제지.

지금은 자식들이 세월호와 백남기 농민 집회에 간다면 아마 다 말리겠지.
자랑스럽게 여길 부모가 몇이나 될까.

우리 때만 해도 안 그랬어.
그만큼 우리 사회가 썩어졌다는 것이고
그만큼 변화의 시기가 길어지는 거야.

그러나 부패되고 썩을 대로 썩어 무너지면 새싹이 나는 법이야.
고목나무에 새싹이 나는 거야.
진실은 감출 수 없다는 게 그 말이야.

생명은 질기고 질긴 거야.
옳은 것, 참된 것이 완전히 무너질 수는 없어.
무너진다 해도 다시 솟아난다는 신념을 가지고 사는 거야.
마음은 조급하지만 어떡하겠어.

민중사상 특강, 조계사, 2015 ⓒ정택용

이 썩어 문드러진 세상,
하늘과 땅을 맷돌처럼 벅벅 갈아라.
산 자여 따르라.
살아 있는 목숨이여 나가서 싸우라.

59. 백기완

세상을 우리말로 벗나래라고 한다.
벗나래란 모두 이웃이요, 우리 모두가 벗이라는 것.
그런 이웃이 나래를 펴고 벗들도 나래를 편 세상이 벗나래다.
그러니까 세상이 네 거 내 거로 갈기갈기 찢긴 게 아니라
몽땅 한 사람, 한 누룸(자연)이다 이거다.

그런 벗나래는 어떤 모습일까.
너도나도 일하고 너도나도 잘 살되 올바로 잘 사는 세상이다.

하지만 요즈음 세상은 그런 벗나래가 아니다.
있는 것들이 제 마음대로 하고 몽땅 네 거 내 거로 빈틈없이 찢어
없는 이들은 기껏 달동네에서 죽어져야 하는 '얄곳'이 되고 말았다.
이에 벗나래가 실질적으로 없어짐에 따라 그 낱말도 없어졌다.

때문에 그 벗나래를 찾으려고 하면 어떻게 해야 할까.
참말로 그 낱말을 찾는 길은 세상을 참짜 벗나래로 만드는 것이다.
참다운 사회학도, 경제학도, 법률학도, 온 인문과학도가 모두 어영차 일어나
이 벗나래를 다시 세우는 데 앞장서야 하는 게 아닐까.

60. 문정현

진실을 품고 사는 한 죽어도 진 게 아니지.
죽어도 진 게 아니지.
진실 때문에 고통을 당할 뿐이야.
진실이 드러나면 그 고통이 승화되는 것이지.

61. 백기완

자본이란 무엇일까. 어떤 책에도 없는 민중의 눈길에 따르면
독점자본은 눈사람과 똑같다. 가만히 있으면 녹아버려.
그래서 끊임없이 눈을 먹고자 해서는 자꾸만 굴러야 한다.
단 1초라도 멈추게 되면 눈사람은 녹아버려.
여기서 눈사람과 똑같은 자본의 본질은 약탈, 강탈.
아니 그 본질이 독점이라 깨뜨려야만 한다.
그냥 내버려두면 이 지구와 함께 인류를 다 먹어치운다니까.

여기서 흔히 말하는 진보란 무엇일까.
그 독점의 범죄를 깨뜨리고 땀의 꿈을 실현하는 것이다.
그러면 그 땀은 또 무엇일까.
땀은 땅에 떨어지면 한 줌 거름이지 내 것도 아니고 네 것도 아니다.

그것을 무엇이라고 해올까.
'다슬'이라고 해왔다.
그 어떤 철학, 어떤 사상, 어떤 이념에도 없는 이 다슬은 무엇일까.
우리 인류가 겪고 있는 자본주의 문명의 그 모든 거짓과 위선,
범죄와 파국을 갈라칠 땀 흘리는 이들의 깨우침이라.
꺼이(감히) 들이댄다. 이 글을 읽는 이들이여!
우리 모두 이 다슬에 얽힌 철학, 그 꿈을 캐내야 하질 않겠는가.
도서관에서가 아니라 이 땅 노동자 민중의 삶의 바루(현장)에서 말이다.

62. 문정현

문규현 신부가 1989년에 임수경과 함께 판문점으로 걸어 내려왔지.
해방 이후, 김구 선생이 넘어왔던 그 이후
인간으로서는 최초였어.
그 사건 이후로 통일 논의가 엄청 확산되었고
그 효과는 아직도 남아 있어.

남북이 교류할 수 있고 진정한 대화를 이룰 수 있는 루트가 정해진 거야.
계속 대화할 수 있고, 가서 만날 수 있고.

역사의 기념비적인 행위였다고 봐야지.
화해의 길은, 대화의 길은 그렇게 틀 수밖에 없어.

원래 없던 길.
길은 그렇게 내는 거야.

63. 백기완

몇 달 아니 몇 해 동안
아침은 제대로 못 때우고, 낮참(점심)은 얼렁뚱땅, 저녁은 아예 거르고
밤일에 나서 등짝에다 무거운 짐을 질라치면 어떻게 될까.

댓 발자국을 못 가서 하늘과 땅이 몽땅 노오래 쓰러져야만 한다.
하지만 어림없는 소리.
한술 쓰러지면 다시는 그 노동판엔 못 낀다.

그러니까 눈깔을 똑바로 떠야 하고, 자꾸만 감기는 걸 어거지로라도
비벼 뜨고, 곧장 앞으로 앞으로 가지 않으면 죽는다.
이것이 땀으로 먹고 뼈꺽 알통으로 버티는 노동자들이 가져야 할
새김뜻(좌우명)이라.

젊은이들이여!
헬조선이다 뭐다 해서 쓰러질 수밖에 없더라도
한사코 힘을 내시라.
우린 헬조선이지만 몽땅 뺏어 몰아 쥔 썩은 것들에겐 낙원이라.
마냥 쓰러질 것만 같아도 눈깔을 부라리며 곧장 앞으로
짐만 지고 가는 세 아니라
이 어두움을 와장창 뚫고 가자 이 말이다.
거기선 지옥은 반드시 무너지고 참짜 새벽은 열리는 거라 벗이여.

64. 문정현

인권이든 평화든 통일이든
옳고 그른 것을 구분하고 옳은 길을 택하고자 하면
미련한 사람으로 전락되어버리니까
묻히는 거야.

지금도 독재에 대한 항거, 거짓에 대한 증언, 이런 것들이
완전히 묻히진 않은 거니까.

묻혀 있을 뿐이지. 그것이 완전히 소멸될 수는 없어.
역사는 그래. 드러나기 마련이야.

살아 있는 자들이 최선을 다하는 수밖에 없어.
깨어 있는 자들, 살아 있는 자들이.

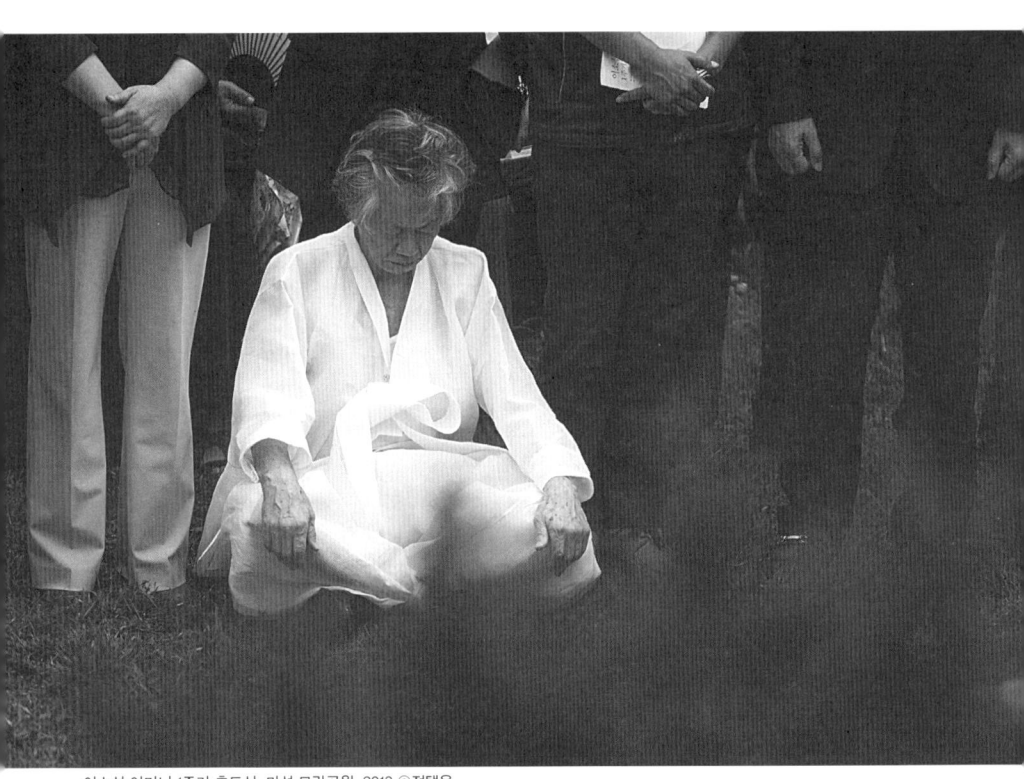
이소선 어머니 1주기 추도식, 마석 모란공원, 2012 ⓒ정택용

미선·효순 여중생 사망 항의집회, 의정부 미2사단 앞, 2002 ⓒ노순택

65. 백기완

일하던 일꾼이 한참 땀을 흘리다 보면 목이 마르잖아.
그래서 샘터로 가서 엎드려 꿀꺽꿀꺽 마시며
이럭저럭 더듬어보면 샘이란 참 고맙기도 하고
퍼뜩 깨우침이 더 큰 겁니다.

샘은 자꾸만 넘쳐서 둘레에 있는 메마른 땅을 끊임없이 적신다.
그런데 그렇게 기름진 땅을 만들어도 그걸 내 거라고 하질 않는다.
오로지 사람들만이 거기서 논밭을 일궈 먹으며
그걸 내 거라고 하더라구.

여기서 이건 아닌데…… 라고 생각한 이가 있으니 그게 누구일 것 같아요.
어먹한(위대한) 사상가? 아니다. 그러면 눈치 빠르게 깨우친 이?
아니라니깐. 그럼 누구더냐. 놀라지 마세요.
가진 것이라곤 땀과 눈물과 알통밖에 없는 머슴 놈, 일꾼이었습니다.
누룸(자연)과 함께 사는 사람들의 깨우침입니다.

샘이 일군 기름진 땅을 내 거라고 하는 사람,
그는 짐승도 아니다. 께비(귀신)도 아니고, 바로 잘못된 사람이라.
때문에 사람이 사람으로 살 수 있는 세상으로 바꾸려고 하면
먼저 샘은 누룸인데 그걸 내 거라고 하는
그 새빨간 거짓부터 짓모아야(때려 부숴야) 한다는 것이다.

66. 문정현

어디에 가도 설교를 잘하는 사람들은 많아.
듣는 사람들이 감탄을 해.
글도 잘 써.

그런데 행동으로 연결되지 않는 경우가 너무 많아.
자기가 두 발을 디딘 현장에서
말한 것을 실천하지 않는 사람이 쌔고 쌨지.
그런 사람은 입만 천당을 가야지.

쉬운 일은 아냐.
나도 내 가슴을 치는 때가 많아.
채찍질하고 후회하고
스스로를 죽여가면서 그 길을 가고 싶어.

67. 백기완

새날은 그냥 새날이 아니야.
돈이 지배하는 세상이 아니라 사람이 주인 되는 세상.
이를테면 해방된 세상이 참짜 새날이다.
돈의 억압과 착취,
그 부림으로부터 해방되는 세상이 새날이라니까.

그러니까 노랫말이여,
새날이 올 때까지가 아니라
새날을 빚을 때까지 그래야 하질 않을까.
야, 백기완이…… 너부터 넋살 차려 인마.
말 한마디라도 바싹 차리라니까, 알가서?

68. 문정현

행동으로 연결이 되어야만 하는데
그러지 못할 때 상당히 외로움을 타고 그러지.

지금도 4대강 문제, 세월호 미사……
여기 있어도 맨날 생각이 나.
광화문에서 신부들이 미사를 하는데
여기 강정 미사 때문에 못 가니까 안타까운 거야.
눈물이 흘러. 그게 연민이지.
자꾸 가고 싶고, 그러지 못해서 안타깝고
미안하기도 하고, 후회되기도 하고.

연민을 가지고 다가간 것은 참여라고 이야기하지.
가지 못했을 때 마음으로 하는 것을 연대라고 해.
연민과 참여와 연대.

한나절을 이 미사 천막에서 보내는 것도 쉬운 일은 아니잖아.
1년 365일 빠지지 않고 미사를 하는 것도
연대 차원에서 이뤄지는 거야.

그것이 소홀할 때는 내가 왜 이러지?
다시 용기를 내서 마음을 가다듬고
또 가고.

69. 백기완

언론의 자유라는 것은
단순한 삶의 자유, 사실의 자유가 아닙니다.
살티, 다시 말해 참목숨의 자유입니다.

아무 의견이나 객관적으로 대행하고 표현하는 건
따져보면 꽉 찬 참언론의 자유가 아닙니다.
참언론의 자유는 사실이라는 껍데기에 숨어 있는 거짓을 찢어발기는 것.

얼추(혹) 새벽소리를 들어보셨는지요.
아니 새벽이면 새벽이지 새벽소리라니
그런 말도 있느냐구요.

그 새벽소리는 딴 게 아닙니다.
역사가 바로 잡히는 소리입니다.
썩은 것은 무너뜨리고 새것, 옳은 것을 세우는 소리입니다.
새벽은 한살매 어두움을 헤치는 일꾼들의
발끝에서만 열린다는 말이 바로 그거지요.

70. 문정현

오마이뉴스, 한겨레에 대한 애정이 있지.
초심을 생각했으면 좋겠어.
얼어붙은 동토에 참말을 하고 눈치 보지 않아야 제대로 된 언론이지.

그걸 지키기가 쉽지는 않지.
자금이 절대로 필요하지 않다는 건 아니지만
그 자금 때문에 변절되면 안 돼.
자금을 줄이더라도 참말, 진실을 고수해야 해.

그러려면 직원들도 마찬가지야.
세월이 가면, 직원이 되어버리면, 그때부터는 와글와글하고,
세상일보다 자기 걸 더 크게 생각하기도 하고.

정말로 진실된 것, 참된 것을 고수한다는 건 자기희생도 있는 거야.
그것을 감수하면서 지켜야지.
언론도 신뢰가 깨지면 간단해. 재기불능이야.
그렇게 되지 않으려면
공을 위해 자기희생을 해가면서 길게 가야 해.

참말을 버리면 잠깐은 달콤하지만
정도를 지키는 게 오래 사는 길이야.

71. 백기완

글을 좀 읽을 줄 아는 사람들은 민중의 역사적 실재는 인정한다.
모든 생산관계에서 민중이 주체라는 것도 안다.
그런데 민중에게 사상이 있다고 하면 자못 야릇하게 쳐다본다.
민중에게 뭔 사상이 있느냐.
사상은 없다는 거다.

제아무리 만권의 책을 뒤져봐도 계급의식은 있는데 민중사상은 없다.
이건 지적 반란만이 아니고 민중사상에 대한 주관적 말살이고
만행인 것이다. 보잔 말이다.

입때껏 지배계층과 독점자본은 민중을 부셔(적)로 여겼다.
수천 년 동안 민중사상을 쌍놈들의 위험한 개수작으로 본 거다.
자본주의 씨앗이 트기 시작한 300년 앞서부터는 꺼이(감히)
민중사상은 그냥 때려 부수는 것이 정의라고 윽질러왔다.
그렇게 민중사상은 자근자근 죽임을 당해온 것이 이른바 기록된 역사다.

뭐라구, 사상이란 현인대덕에게만 있지 민중에겐 없다고?
어림없는 개소리 말어.
억압과 착취를 짓부수고 부패와 타락, 패륜을 불 지르며
울며불며 일구어온 삶의 내력이 바로 사상이지 딴 거냐.
껍데기 논리나 세우고 이론을 만들어서 글로 정리해야만 사상이냐구.
그건 곧 부패 반역의 지배도구였지 참짜 사상이 아니었다구.

72. 문정현

내가 길 위에 있는 것은 내 사명처럼
그 이름대로.

살면 얼마나 살겠나.
이렇게 살다 죽자는 생각이야.

정말 살아 있을 때 잘 살아야지.
마지막을 잘 맞이해야지.

여기 강정에서 매일 미사를 드리니까
미사 하다가 가면 영광이겠다 싶어.

생명은 찢기고 찢긴 거야.
옳은 것, 잘된 것이 완전히 무너질 수도 있어.
무너진다 해도 다시 솟아나는 샘물을 가지고 사는 거야.

군산, 2008 ⓒ노순택

73. 백기완

어느 날
사람의 발길이 전혀 없는 산을 넘고 또 넘어 내빼는데
왕왕 개새끼가 쫓아오고 그 우두머리 기관 놈들이 쫓아와
온몸이 오싹할 적이다.
문득 구름이 걷히면서
바위 모서리 옹달샘에 밝은 달이 잠기더라고.
그런데 그게 그렇게 어머니의 품처럼 살랑대.

에라 모르겠다
잡혀도 좋다 하고 한참을 들여다보며

아, 죽음에 이른 사람에게도
말 없는 자연은 늘 사람하고 같이 있구나…… 라고 생각했지.

그렇다.
저 밝은 누룸까지 훔쳐다가 제 울타리나 치려고 들면 안 돼.
그게 바로 사람 개새끼라는 것이지 딴 게 아니야.

야, 이 개새끼들아, 따라와봐.
난 네놈들이 쫓는 사갈꾼(범죄자)이 아니라
한 속절없는 누룸이다 누룸.
야, 이 개새끼들아, 날 잡아보라니까.

74. 문정현

나는 참 좋은 몫을 받았다고 생각해.
좋은 몫을 가졌다고 생각해.
지금까지 정말 빈틈없이 살았어. 공백이 없어.

사건과 사건이 계속 연결되고
계속 길 위의 삶이었어.

길에서 살다 죽는 것이 내 보람이야.

75. 백기완

반드시 알아야 할 짜배기가 하나 있다.
그걸 모르면서 누가 무엇을 깨우쳤다 하는가.
퍼질러 앉아갖고 책 몇 권쯤 읽고
사람을 깨우치고 역사를 깨우쳤다고?

그것만 갖고는 안 돼.
알통밖에 없는 일꾼들의 피눈물의 역사, 그 바랄(꿈)을 알아야 돼.
거기엔 참된 사람의 꿈, 그 알짜가 있기 때문이다.

그게 무어냐구?
너도 일하고 나도 일하고 그리하여 너도나도 잘 살되
올바로 잘 사는 노나메기를 만들자는 바랄이다.

하지만 그 꿈은 제 손으로 일구질 않으면
그 꿈을 꾸던 놈이 죽는다는 아, 그 실천적 명제, 바랄.
그것을 깨우쳐야 하는 거야, 알가서.
이 뺑뺑이처럼 돈의 둘레만 뱅글뱅글 맴만 도는 것들아.

76. 문정현

자본과 권력이 완전히 결탁되고, 언론까지 결탁해서
노동자들이 아무리 다 모여도 꿈쩍없어.

정권 바꿔야 해.
그런데 그것이 가능하냐.

여소야대가 뭐야. 국민들이 만들어줬는데 이게 뭐야.
엊그제 뉴스를 보는데, 세월호 특별법 개정은 물 건너갔다고 봐야 한다고?
단식하는 유족들에게 야당이 그게 할 소리야?

정권 바꿔야 해.
비정규직은 더 이상 착취될 것도 없어.
더 이상 어떻게 착취해?

77. 백기완

저 때문에 쓰는 힘은
갈데없이 시퍼런 칼이 된다.
나아가 저 한 사람 때문에 쓰면
어김없이 사나운 창이 되기도 하고.

하지만 남몰래 수굿수굿
이 벗나래를 위해서 흘리는 땀은
곧 하제가 되는 거다.

하제라니 무슨 뜻일까.
희망이란 뜻을 글로가 아니라 온몸으로 내둘한
무지랭이들의 벅찬 숨결이다.

78. 문정현

강정 해군기지나 성주 사드 배치나 똑같아.
'평화의 섬' 선포할 땐 언제고 해군기지를 한다는 게 말이 안 맞잖아.

지금 사드는 강정의 재판이야. 똑같아.
일방적이고, 주민 무시해버리고, 선포부터 하고.
그 다음에는 분열 공작, 가지치기, 외부세력 운운하는 것까지 똑같아.
이제 폭력만 남았어.
거짓과 사기가 안 통하면 그때부터는 폭력이야.

온갖 불법, 탈법, 편법으로 법을 개정할 거야.
군의회에 그 몫이 있거든. 군의회도 다 새누리당 아니야.
다 바꿔서 다 한다고.
수순은 폭력만 남은 거야.

울타리 다 쳐버렸잖아.
성주는 육지니까 헬리콥터로 물자 다 날라서 할 수 있고.

결국 미국 때문에 그래.
사드도 그렇고 해군기지도 그렇고.

79. 백기완

닭이 사람한테 잡혀와 산 지 거의 2만 해.
그동안 닭은 제 된깔 네 가지를 잃어버렸다.
첫째, 질라라비라는 제 이름을 잃어버리고
둘째, 날짐승인 꼴에 날아다니는 날갯짓을 잃어버리고
셋째, 주는 모이나 얻어먹다가 제 먹이를 제가 찾는 슬기를 잃어버리고
넷째, 닭장에서만 살다가 제 집을 제가 짓는 쟁끼도 잃어버렸지만

그래도 새벽마다 늦잠 자는 사람들을 꼬꼬댁 깨워주고
알을 낳아주기도 했는데
사돈이 왔다고 목을 비트는 거라.
그래, 뿔대(노여움)가 치솟아 냅다 제 옛살라비(고향) 숲속으로 달아나니
금세 잃었던 제 된깔을 찾게 되고
몸뚱아리도 애소리(송아지)만 해져
울음소리도 달라졌겠다.

꼬꼬댁 꼬끼오가 아니라 꺼꺼댁 껵, 질라라비 훨훨
이에 늦잠 자던 햇덩어리가 벌떡 솟아나는 걸 보고
사람들은 깨우쳤다는 게 아닌가.
이 질라라비는 닭의 해방의 새름(정서)일 뿐만 아니라
우리 사람들도 배워야 할 해방의 새름이라.
질라라비 훨훨 하며 여러 천년 머슴의 굴레를 갈기갈기
찢어버렸다는 게 아닌가.

80. 문정현

진보, 보수에 대해서 깊이 생각하지 않아.
첫째로 자기 삶이 중요하니까.
말보다는 행동이지.
그게 진보라면 진보이고.

나는 진보, 보수를 딱히 가르기가 그래.
진보적인 서적을 접한다거나 하면 도움은 되지. 연수를 받는다거나.
그러나 그것만으로는 족하지 않지.
행동으로 연결이 되어야 해.

81. 백기완

이 캄캄한 밤바다에 처박혀졌지만
우리는 죽질 않았다구요.
너무나 원통해 너무너무 원통해
원수를 갚기 전 어찌 눈을 감겠어요.

온몸의 눈물이 시퍼런 칼이 되어
살인마 그 끔찍한 사기꾼들을
악살박살 갈기갈기 찢노라니
얼라쿵 캄캄한 바다가 티 하나 없이
해맑은 쪽빛이 되네요.

어머니 아버지 벗이여, 한숨을 거두세요.
우리 이 썩어 문드러진 땅도 발칵 갈아엎구선
사람으로 살 수 있는 쪽빛 세상 일구자구요.
우리도 한번쯤 천지개벽의 우당탕 울음 같은
쪽빛의 노래, 넘쳐라 불러요, 몰아쳐라 불러요.
부를수록 맑아지는 쪽빛, 아, 쪽빛의 노래여.

• 세월호 추모시 〈쪽빛의 노래〉

진도 팽목항, 2014 ⓒ노순택

기룡전자 해고노동자 농성장, 2010 ⓒ노순택

82. 문정현

내가 런던에 있는 막스의 묘에 두 번이나 가봤어.
두 번째 갔는데, 묘지 입구에서 "너 사진 찍을래?" 묻더라고.
찍는다고 했더니 15파운드를 내래.
자본이 하는 짓이야, 이게. 돈이 하는 짓이야. 막스의 묘지까지도.
거기에 '만국의 노동자여 단결하라'고 쓰여 있어.
그런데 막스 할아버지도 자본의 위력을 몰랐던 것 같아.
이 자본이라는 게 얼마나 질기고 강한지.

지금 우리가 하는 걸 보면, 여기서 우리가 자본에게 당하는 걸 보면
정권도 움직이고 언론까지 다 움직이잖아. 완전히.
당해낼 재주가 없지.
모든 노동자가 일치단결해도 이길까 말까인데.

1퍼센트와 99퍼센트로 갈라놓은 것이 자본주의잖아.
자본은 뭐야. 할퀴어먹는 거야. 훑어먹는 거지. 1퍼센트가 99퍼센트를.
'꿀잠' 만드는 것도 자본가와의 싸움이야.

83. 백기완

신바람, 그것은 자연의 바람이 아니다.
땀 흘리는 일꾼들의 겨드랑이에서만 이는 바람이다.
밤낮을 가리지 않고 일을 하다 보면 참말로 겨드랑이에서 바람이 인다.
쑤악…… 그걸 신바람이라고 하지.
이를테면 바람난 바람이 아니라 뿔대(노여움)난 바람.

그 신바람이 한술 불었다 하게 되면 어떻게 된다고 했더라.
옳거니,
썩어 문드러진 부잣집의 기왓장뿐이랴
대궐집의 주춧돌을 날린다고 해왔으니

천해만해 해처먹을 것처럼 까불던 독재도 그냥 날려버린다는
아, 그 신바람의 알기들이여
몰아쳐라 몰아쳐 박근혜 거짓말 독재
그 유신 잔당의 뿌리를 발칵 뒤엎어버려라.

84. 문정현

갈 데로 가겠지.
자본 자체로 자중지란이 일어날 수도 있는 것이고
어떤 변수가 생길지 몰라.
아마도 사람의 지혜로는 알 수 없는 것 같아.
그러나 살아 있는 사람이 있는 한 변화는 오게 마련이야.
그게 희망이야. 그 끈은 놓지 말아야지.
끝까지 물고 늘어지는, 끝까지 자기 자신을 지키는 것.

변화를 보지 못하고 죽을 수도 있어.
좋은 꼴 못 보고.
이게 제대로 산 사람들의 말로야.
살아생전 좋은 꼴 보진 못할 것 같아. 비관적이지.
그래도 끝까지 버티는 거야. 갈 데까지.
좋은 결과를 못 보더라도 그렇게 끝까지 버텨야 변화가 와.

어떤 변수로 어떻게 변화가 올지는 몰라.
변화라는 건 무서운 거야. 모두가 놀라. 천지개벽 같은 변화야.
개인의 힘은 아니야. 그걸 누구의 힘이라고 할 수 있겠어?
다들 지 자랑하지만 그 힘만은 아니야.
엄청난 큰 기운으로 나타나는 거야. 누구나 다 놀라는 거야.
정권 빼앗긴 놈도 놀라고, 빼앗은 사람도 놀라고.
진리의 힘이라는 게 그렇게 센 거야.

85. 백기완

혁명은 창조의 예술, 예술은 긴장의 미학.
혁명은 사람답지 못한 모든 것들을 한꺼번에 뿌리 뽑는 거
나아가 사람이 사람으로 살 수 없는 세상을 갈아엎자는 거다.
썩은 자본주의 문명을 바꾸자는 것은 시대정신.
하지만 혁명이란 역사정신이야.
그러니까 시대정신과 역사정신은 하나인 거지.

따라서 혁명은 세상만 바꾸는 게 아니야.
사람도 사람으로 바꾸는 거, 그래서 그걸 비주(창조)의 예술이라고 하지.
변혁의 한 형태가 아니라 비주의 예술의 빼어남(전형)이라니까.
아름답고 거룩하고 쓰다듬어주고 싶고 나 자신이 그리되고 싶은 다락(경지)
그래서 그냥 비주가 아니라 어기찬 비주라고 하지.

묻노니, 인간이 가장 정신 차릴 때가 언제인 줄 아시는지.
긴장할 때야. 어떤 긴장일까.
진짜 긴장은 목숨 아닌 것이 내 목숨을 뺏으려고 할 때
그때 목숨이 들고 일어서는 거, 그걸 긴장 그런다니까.
우리말로는 쭈뼛.

그래서 예술은 긴장의 미학
참목숨의 미학이란 말이다.

86. 문정현

진실은 감춰질 수 없는 것이고
진실은 결국 드러나기 마련이야.

그래서 나도 여기 남아 있는 거야.

해군기지, 저 거짓말쟁이들, 저 사기를 들춰내야 하니까.
다 지었다고 끝내버리면 진짜 끝이지.

누구라도 남아야지.
거짓이 드러났을 때
누군가는 남아 있어야만
박차고 오를 수 있어.

87. 백기완

꾸벅꾸벅 젊은 놈 댓이 앉았는데 다 빈털터리 땡닢 한 닢이 없어.
이에 누구 하나가 선뜻 쐬주 한잔하자고 못하거든.
그래서 배가 쓰리다 못해 앉아 있는 그 짓이 못 견디게 지루해.
끝내는 그 지루함이 권태에 빠져.
이렇게 되면 자못 지친 혁명이 늪에 빠지듯
모든 인간 정신도 늪에 빠져.
그야말로 위기의 때박(순간)이야.

이때 누군가가
야, 우리 이러지 말고 어디 가서 어쨌든 한잔하자.
먹고 나서 눈치껏 하나 둘 셋 냅다 달아나잔 말이다.
너는 가시나니까 먼저 뛰고
너는 좀 느리니까 시키면 골목으로 달아나고
모두 냅다 뛰자 이거야, 실컷 시켜 먹고.

꿈으로 꿔서도 안 될 몹쓸 범죄 음모였지만
그래도 강요된 주림은 그 범죄마저 먹어치울 뚤커(용기)가 아니겠어.
그런 걸 보고 뭐라고 하겠어. 예술이라고 하는 거 아니겠냐구.

혁명도 늪에 빠지면 부패해.
하지만 참말로 혁명이 늪에 빠지면 예술이 앞장서나니
모든 침전과 좌절, 진부함을 깨뜨리는 것

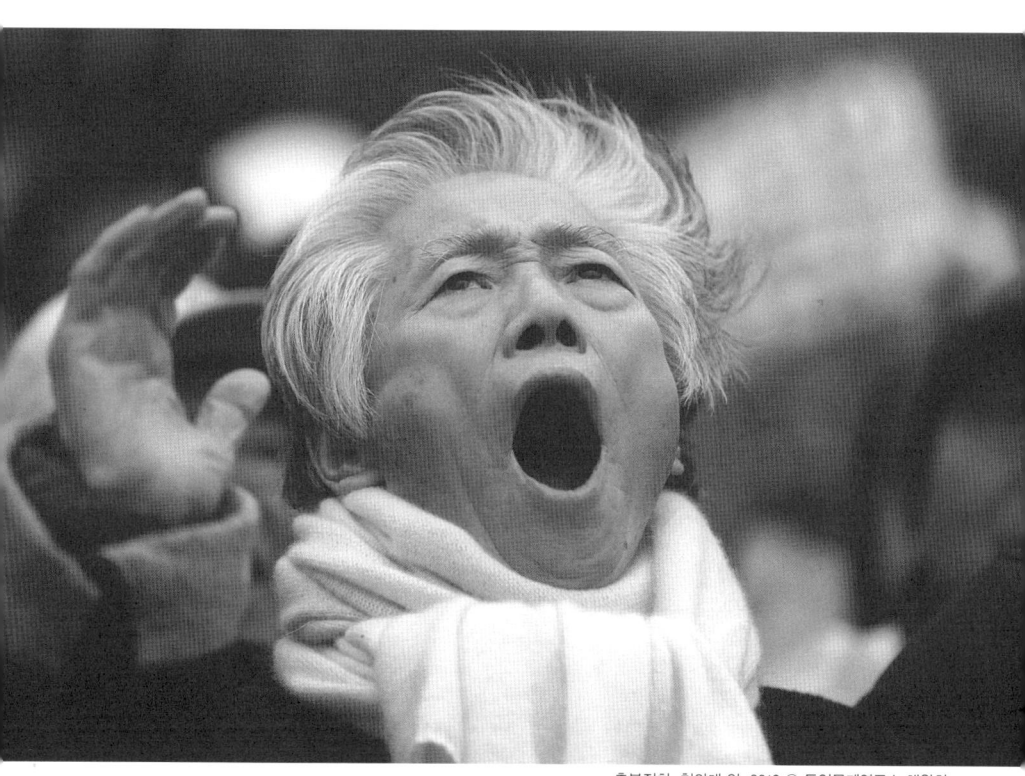

촛불집회, 청와대 앞, 2016 ⓒ 통일문제연구소 채원희

그걸 무지랭이들의 말로 뭐라고 그러는 줄 알아?
새뚝이라고 하지.

썩은 늪을 한사위로 깨뜨리는
그러니까 예술도 썩지만 마지막까지 안 썩는 건 뭣이겠어.
그게 바로 새뚝이라.
힘꾼보다 더 힘꾼, 영웅보다 참짜 영웅.
맞아, 새뚝이야말로 모든 혁명, 모든 예술의 불씨라니까.

88. 문정현

자꾸 비폭력, 비폭력 하는데
비폭력을 말해야 할 놈들에게는 안 하고
맨날 폭력에 당하는 사람에게 그러거든.
우리한테는 제발 비폭력이라는 말 안 했으면 좋겠어.

미국한테는 비폭력 이야기할 수 있어. 거긴 개인이 무기도 소지할 수 있고.
하지만 우리는 총을 쏠래야 총이 있나. 화염병도 못 쓰지.

연행될 때 버티면 범법자가 돼.
경찰이 채증을 하면 이상하게 발로 찬 것처럼 나와.
고개를 이렇게 돌리면 입은 안 보이는데 물어뜯었다고 하거든.
이렇게 범법자를 만들잖아.
이런 도둑놈들한테 당하는데, 자꾸 비폭력 비폭력 그러면 부아가 나.

그야말로 비폭력의 본보기가 뭐야? 삼보일배 오체투지였다고.
평화운동을 남의 나라 것만 가져다가 설명하는데
삼보일배 오체투지만 봐도 비폭력이 뭔지 알 수 있잖아.

거짓과 폭력에 맞서면 그게 비폭력이야.

89. 백기완

문학이란 뭐냐.
나도 잘은 모르지만 글로 꾸린 이야기 아니겠어.
자욱한 불길 속을 헤매던 목마른 이야기가
그럴듯하게 꾸려진 거 아니겠냐구.
하지만 진짜 문학은 글로 쓰는 게 아니야.
온몸으로 빚는 '말림'이었단 말이다.

치켜뜬 눈빛으로도 빚고, 일그러진 낯짝으로도 빚고,
비틀비틀 짐에 매여 가다가 에라 모르겠다, 휠휠 벗어던지기도 하고
사람에 속고 사람에 울다가 끔찍한 놈과 싸워 목숨은 건졌지만
제 괴로움에 속아 머슴으로 끌려가 꽁꽁 묶여 모두 빼앗기던 애탄(비극),
그것들을 어떻게 글로 다 내둘하겠어.

어렸을 적이다. 할머니 등에 업혀 울면서 그랬어.
"할머니, 나 저 하늘의 별이라도 따줘. 배가 고파 죽겠단 말이야."
"뭐? 날개가 지쳐 우리 집 지붕 쑥대밭에 내려와 자고 있는 그 불쌍한 별을 따 먹겠다고? 배가 고프다고 아무거나 먹겠다고 하면 사람으로 크질 못해. 사람 잡아먹는 악다구니(악귀)가 되겠다는 거나 다름없어, 알가서?"
악다구니가 된다는 할머니 말씀에 어린 마음에도 깜짝 놀라 울음을 뚝.

내 한살매의 가르침이 되었던
아, 그때 할머니가 온몸으로 하시던 말림, 그런 게 참짜 문학이 아닐까.

90. 문정현

4대강만 생각하면 마음이 아파.
탐욕과 오만이야. 얼마나 해먹었을지 몰라.

무슨 힘으로 자연을 다스릴 수 있다는 거야?
자연은 다스릴 수가 없는 거야.

강 하나 생긴 것도 그래.
수백 년 수천 년 걸려 만들어진 거야.
억지로 물길을 돌려봤자야.
물은 저 가고 싶은 대로 가야 하는 거야.

91. 백기완

말이 자본주의 문명이지
그것은 부패와 타락, 막심(폭력)과 사갈(범죄)의 바라지(원조)라.
어떻게 무엇으로 청산해야만 할까.

그 가르침은 어떤 도서관에도 없다.
어떤 사상, 경전에도 없으나
민중의 삶, 그 발자취에만 있는 깨우침이 있는데 이런 것이다.

자본주의 문명은
첫째, 이 땅별(지구)을 갈기갈기 찢어 내 거라고 하는 거짓, 그 거짓이 세상을 지배하는 권력이 되고 있으니 그 뿌릴 뽑아야 한다.
둘째, 자본의 횡포를 그대로 내버려두면 사람만 잡는 게 아니다. 이 땅별, 나아가 온 우주를 다 알가먹어(뺏어먹어) 모래밭으로 만들게 되니 정말 안 된다.
셋째, 자본주의 문명은 내 거의 문명이다. 사람의 희망도 더 가지겠다는 그 내 거로 타락시켜 인류를 모두 범죄꾼으로 만드니 기어코 안 된다.

92. 문정현

길 위의 신부.
나에게는 연민, 참여, 연대가 담겨 있는 이름이야.

어디든 가야 하는 거야.
용산참사도 길 위고, 명동성당도 길바닥이고,
대추리도…… 집을 떠나 거기서 살았으니까.

나도 싫은 때가 있지. 지겨운 때가 있지.
왜 없겠어.

그럴 수가 없으니까.
강정에서 내가 떠나버리면 어떻게 되나.
떠날 수 없는……

그러니 청년들아,
와서 보시오.

와서 보시오.
여기 현장으로.

93. 백기완

헤어짐의 안타까움은 늘 슬픔으로 남아
우리 사람을 괴롭혀왔다.
우리 둘레에 간장을 녹이는 듯한 노래나 연극, 영화에
비가, 애탄이 그리 많은 건
우리가 헤어졌지만
그리움만큼은 저버리질 말자,
그리움으로 하여 늘 만나는 것으로 여기자는 게 아닐까.

사람은 만났다 헤어지기도 하지만
뜻과 뜻은 갈라지는 게 아니다.
역사와 함께 나아가는 것……
이라고 적으며
그런 옛 생각에 한참을 물끄러미 먼 데를 보기도 했었다.

아리아리란
길이 없으면 길을 찾아가고
그래도 길이 없으면 길을 내자는 말이다.
이것이 역사가 아니겠는가.
아리아리란 그래서 나온 말일 터이다.

94. 문정현

광장의 힘은 누구도 예측할 수 없어.
광장 한복판에 선 사람도 놀랄 정도로 힘이 발휘되는 거야.
주도세력이 누군지도 몰라.
그 힘은 누구도 제압할 수 없어.
총칼로도 못 막아.

광장의 힘이 사그라지면 정치적인 술수를 쓰는데
지금은 그게 재벌이야.
놀고먹는 놈들이 아냐.
저들이 구도를 짜서 광장을 홀리면
그때부터 광장도 정신을 못 차려.

그래서 나는 오늘도 광장에 나가.
설레고 있어.
광장, 현장에 남은 자가 있을 때 변화의 힘이 분출돼.
아무것도 없으면 그냥 허공이지.

우리는 모두 오늘의 역사적 현장에 함께 있나니
오늘의 부패, 그 모순과 떡하니 맞짱을 떠야 하는 거다.
그런 과제 앞에서 늙고 젊고가 어디 있어요.
진짜 사람이라고 한다면 말이야.

한진중공업 사태 제2차 희망버스, 부산, 2011 ⓒ노순택

95. 백기완

왕십리 떨패(왈패)들한테 마냥 얻어먹는 게 안쓰러워
한잔 사기로 하고는 공사판에서 날품을 팔았다.
그런데 품삯이 자꾸 미뤄져 하는 수없이 빈손이지만
모아놓고 먹는데 애들이 눈치를 채고 실금실금 다들 일어선다.

그래도 나만 남아 끝까지 마시자 아주머니가 묻는다.
왜 혼자만 안 일어나느냐.
그래서 앞뒤의 서글픈 굽이굽이를 홀랑 다 털어놓았더니

그렇다
술은 괄시를 받으면서도
얻어먹을 줄도 알아야지만
탈탈 털어 온몸으로 살 줄도 알아야.

알린알린(닳고 닳아) 떨어진 저고리일망정 홀렁 벗어 주었더니
되돌려주며 하시던 말씀이었다.

96. 문정현

종교의 역할은 자발적 가난이야.
밑바닥에 들어앉아야 해.
모든 것 버리고 굶는 사람과 함께 굶는 삶을 살아야지.

아픈 곳에 있어야만 절절한 기도가 나와.
그래야 세상을 바로 볼 수 있어.
바닥에 있어야 종교야.

난 제도권 교회는 믿지 않아.
교단에서 운영하는 학교들이 많은데 그게 기득권이야.
유지하려면 돈이 필요하고, 자기를 보호할 수밖에 없어.

모든 종교는 길 위에 있어야 한다는 게 내 원칙이야.
고목나무에 새싹을 틔우려면
민중 속에 있어야지.

종교는 자발적 가난이야.

97. 백기완

술은 두 가지 큰 힘이 있다고 생각한다.
정말 배가 고플 때 딱 한 모금이면
천년 시름이 싹 가시는 것 같은 힘.
또 말할 힘도 일어날 힘도 없을 때
딱 한 모금은 세상을 번쩍 일으킬 힘을 주기도 한다.
하지만 술의 뜸(기운)에나 기대어
노다지 해롱대는 벗들이 없질 않아
나는 술자리에서 쫓겨날 셈 치고 내뱉곤 했다.

술잔을 놓아라.
역사 진보 그 예술에 취할 줄 모르면서
어찌 무엇에 취하자 하는가.
술잔을 놓아라.

그러자 진짜 술을 모르는 새끼라며
몰매를 얻어맞기도 했지만
나는 죽어도 그 말을 거두진 않았다.

98. 문정현

너희는 세상의 소금이다.
소금이 제맛을 잃으면 무엇으로 다시 짜게 할 수 있겠느냐.
이건 성서의 말이야.

소금은 짠데 부패하지 못하게 해.
짠맛이 뭐야?
짠맛은 옳게 사는 거야.

99. 백기완

민중의 배짱에 불을 질러라.

노동자들에게 내가 자주 쓰는 말이다.
무슨 뜻일까.

자본주의 역사 300년,
오늘의 엄청난 자본축적은 노동자들의 피땀과 눈물,
목숨까지를 먹이로 하여 일구어진 것들이다.
그런데 이참 노동자들은 한낱 지겨운 노동의 단위, 소비의 단위,
언제 목이 잘릴지 모를 품삯꾼으로 내몰려
그 어디에서고 뿌리 뽑혀 에맥없이 시들고 있다.

하지만 노동자들은 자본가에겐 없는 배짱이 있다.
노동자는 사회경제의 알기요
역사 발전의 알기요
인류의 보편적 염원, 평등평화를 일굴 사명이 있나니
노동자여, 어영차 일어나
그 배짱에 불을 질러라 이 말이다.

100. 문정현

많이 거둔 이도 남지 않았고
적게 거둔 이도 모자라지 않았다는 말이 있어.
이데아지.
이렇게 되어야 좋은 세상이지만
어디 쉽겠냐고.

재벌들은 쌓아놓고 쌓아놓는 게 전부야.
계속 쌓으려고 협잡하고 매수하고 또 쌓지.

하지만 힘으로라도
공평하게 나누는 세상을 만들어야 해.

지금 재벌이 쌓은 걸 조금만 풀어도 민중이 살아나.
비정규직도 해결되지. 아이들 밥 먹는 것도 그렇겠지.

더 많이 거둔 이도 남지 않고
더 적게 거둔 이도 모자라지 않는

저마다 먹을 만큼 거두어들이는
그런 세상을 만들고 싶어.

거짓과 싸워 마침내 거짓을 들춰내려는 사람들.
이게 희망이야.
싸움은 희망이야.

서울 효자동, 2016 ⓒ박승화

10년 전이었다. 경기도 평택 대추리 농협 창고 안 스피커에서 가수 나미 씨의 〈슬픈 인연〉이 흘러나왔다. 2007년 3월 20일, 그날은 마을 어르신들이 창고에 촛불을 켠 지 932일째 되는 날이었다. 흰 수염으로 시커먼 얼굴을 반쯤 덮은 한 노인이 지팡이를 손에 쥔 채 앉아 있었다. 문정현 신부였다.
"난…… 요즘도 자꾸 눈물이 나와."
대부분의 사람들이 대추리를 떠났다. 동네를 한 바퀴 돌았지만 길에서 마주친 사람은 서너 명뿐이었다. 포클레인에 찍혀 무너진 시멘트 건물의 잔해들만 여기저기 쌓여 있었다. 평택 미군기지 이전을 반대하며 예술가들이 그렸던 벽화의 깨진 조각들이 함께 뒹굴었다. 깨진 솥, 개천에 버려진 욕조, 길 한가운데를 가로막고 있는 경운기 짐칸……. 미군기지를 둘러싸고 벌어진 오랜 싸움의 흔적은 이렇게 아픈 풍경으로 남았다. 4년여 동안 하루도 빠짐없이 대추리를 밝혔던 촛불은 그로부터 나흘 뒤에 꺼지고 말았다.
문 신부님께 매번 지는 싸움을 해서 힘들지 않느냐고 물었다. 그는 "지는 것 같지만 매일매일 이기고 있다"고 했다.
"평화가 그리 쉽게 찾아오겠어? 호미를 만들려고 지금 탱크를

녹이는 중이지."

이듬해 8월, 덕수궁미술관에서 열린 '20세기 라틴아메리카 거장전'에서 그를 닮은 노인을 봤다. 멕시코의 사실주의 작가 프란시스코 고이티아의 〈쓰레기터의 노인〉이라는 작품이었다. 덥수룩한 수염을 기른 한 노인이 지팡이를 들고 쓰레기 산 꼭대기에 앉아 있었다.

그 노인이 문 신부님을 닮았다고 생각한 순간, 작품 속 쓰레기가 익숙하게 느껴졌다. 대추리의 풍경이 겹쳐졌다. 포클레인에 찍혀 힘없이 나뒹구는 삶의 파편 같았다. 문 신부님이 1980~1990년대 전북 노동자의 아버지라고 불렸던 시절에 전경들이 시위대를 향해 쏜 최루탄과 지랄탄의 탄피도 섞인 듯했다. 민족분단, 이념갈등의 쓰레기로 쌓아올린 거대한 산 위에 그는 거인처럼 혼자 남아 있었다.

문 신부님이 쓰레기 산을 오르기 시작한 것은 1975년 4월 8일이었다. 박정희 정권 시절, 그는 사형 집행된 인혁당 피고인들의 시신을 탈취하려는 경찰에 맞서 장의차를 묶은 크레인 위에 올라갔다가 떨어져 장애 5급 판정을 받았다. 1988년 전북 익산 창인동성당에 부임해서는 노동자 시위를 위한 총검술 사전 모의 연습장으로 성당 마당을 활용하기도 했다.

한반도 대운하를 반대하는 종교인들의 전국 순례길에도 지팡이를 짚고 나섰다. 국가폭력에 희생당한 용산참사 유가족들과 함께 끝까지 현장에 남아 미사를 집전했다. 그는 지금도 해군기지가 내려다보이는 제주 강정마을 '골고다 언덕'에서 외로운 대지의 깃발을 들고 있다. 미사를 방해하는 경찰, 건설사 직원들에 맞서다가 수염이 뽑히는 치욕까지 견뎌야 했다.

여든 살 길 위의 신부, 그는 항상 '남은 자'였다.

백기완 선생님을 본 곳도 항상 거리였다. 백발의 갈깃머리와 카랑카랑한 목소리. 그는 벼랑 끝으로 내몰린 노동자와 서민의 곁에서 민주주의를 목 놓아 외쳤다.

황해도 은율 구월산 밑에서 태어난 그는 이승만 정권 시절에는 농민운동, 빈민운동, 나무심기운동을 했다. 박정희 정권 시절에는 유신에 반대하며 '개헌청원 100만인 서명운동'을 주도했고, 긴급조치 1호 위반으로 투옥돼 15년형을 선고받았다. 'YWCA 위장결혼식사건'을 주도해 투옥되어 모진 고문을 당했다. 박정희가 사망하고 전두환 정권이 들어섰을 때였다.

2015년 5월 30일, 백기완 선생님이 만든 장산곶매 산악패와 강원도 소금강을 동행했을 때였다. 그는 지팡이를 짚고 힘겹게 한 걸음씩 떼면서 숨을 몰아쉬었다. 고문 후유증이었다. 1박 2일 동안 그의 팔짱을 끼고 다니면서 1980년 보안사령부 서빙고 고문실을 떠올렸다.

"엄청 맞았어. 내 몸이 82킬로였는데 한 달 만에 38킬로까지 떨어졌어. 애새끼한테 매를 맞고 쓰러졌다가 깨어나니 바지에다 똥을 쌌더라고. 시멘트 바닥에도 깔렸어. 그런데 이 새끼가 그걸 혓바닥으로 핥으라는 거야. 못 핥겠다고 하니 마구 밟는 거야."

그때 천장에 거꾸로 매달린 채 입으로 웅얼거리며 새길 수밖에 없던 시가 바로 〈임을 위한 행진곡〉의 모태가 된 〈묏비나리〉였다.

백 선생님은 지금도 거리에 있다. 독재 시절에 당한 고문 후유증으로 불편해진 몸을 이끌고 국가폭력에 희생당한 용산참사 현장에 갔다. 35미터 고공 크레인에서 300여 일 동안 농성하는 '소금꽃 노동자' 김진숙 씨를 만나기 위해 희망버스를 타고 달려갔다. 쌍용자동차 해고자들의 죽음의 행렬을 멈추기 위해 거리에 나섰고, 세월호 농성장에도 함께했다.

박근혜 탄핵을 이끌어낸 지난겨울의 뜨거웠던 촛불광장. 그는 한 번도 빠짐없이 차가운 시멘트 바닥에 앉아 광장을 지켰다. 옷을 아홉 벌씩 껴입은 날도 많았다. 촛불집회 전날에는 저녁부터 물도 먹지 않았다. 광장의 인파를 헤치고 화장실에 갈 엄두도 나지 않았지만, 자신을 챙겨야 하는 후배들에게 짐이 되기 싫었기 때문이다. 마지막 촛불집회의 마지막 순서에 그는 백발의 갈깃머리를 휘날리며 무대에 올랐다.

광장은 촛불바다였다. 그가 서빙고 지하 고문실에서 지은 〈임을 위한 행진곡〉이 광장에 울려 퍼졌다. 37년 전 죽음의 고문실 독방에서 혼자 외친 절규였다. 그러나 이날 한겨울 광장을 가득 채운 것은 "새날이 올 때까지 흔들리지" 않은 촛불들의 합창이었다. 가슴 벅찬 승리의 노래였다. 그가 꿈꾸던 수백만의 장산곶매들이 촛불광장을 차고 솟구쳐 올랐다.

여든다섯 살의 백발의 거리 투사, 그는 광야에서 목 놓아 '외치는 자'다.

...

2016년 6월, 상처뿐인 우리 현대사를 온몸에 새긴 길 위의 '두 어른'이 한자리에 모였다. 비정규노동자를 위한 쉼터 '꿀잠'의 건립 기금을 마련하는 전시를 앞두고였다. 백발의 거리 투사는 붓을 들었고, 길 위의 신부는 칼과 망치를 들었다. 백 선생님은 한지 위에 붓글씨를 썼고, 문 신부님은 그 글씨를 나무판에 붙여 조각칼과 망치로 새겼다.

"송경동 시인이 그걸(새김판) 내놓으라니 황당했지. 24시간 싸움만 하는 건 아니잖아. 시간을 죽이려고 쓸 줄 모르는 글씨를 써서 새긴 거야. 작품이라고 생각한 적 없어. 그런데 백기완 선생님이 글을 내놓으신다고 하더라고. 퍼뜩 그 글을 파고 싶다는 생각이 들었지. 거기에 내가 넘어간 거야. '다 가져와!' 그랬어. 백 선생님 이름을 들이대는 바람에 새김판을 내놓기로 한 거야."

(문정현 신부)

"노순택 작가가 와서 '붓글씨를 써주면 팔아서 꿀잠에 보태겠다'고 하더라고. '택도 없는 말!' 한마디로 거절했어. 붓을 잡아봤어야 붓글씨를 쓰잖아. 그랬더니 느닷없이 '문 신부님이 새김판을 하니까 두 분 이름을 팔아서 돈을 만들겠다'고 하더라고. '날더러 문 신부님 들러리를 서라는 거로구나. 그러면 내가 흔쾌히 응하마' 했지. 난 들러리야. 창피를 무릅쓰고 붓을 든 거야."

(백기완 소장)

두 어른은 서로에게 속았다. 아니 속아주었다. 비정규노동자들의 참혹한 현실이 안타까웠기 때문이다. 문 신부님은 "심장을 깎는 심정으로 칼을 들고 망치질을 해온 새김판" 80여 점을 내놓았다. 백 선생님은 "한 달 동안 감옥살이를 하면서 쓴 붓글씨" 40여 점을 내놓았다. 그중 세 점은 백 선생님이 쓴 붓글씨를 문 신부님이 나무판에 새긴 것이다.

두 어른의 전시회는 보기 드물게 '완판'되었다. 비정규직 없는 세상을 꿈꾸는 사람들의 마음이 한데 모인 것이다. 치열했던 길 위의 삶이 가져온 기적 같은 일이다. 그 힘으로 비정규노동자의 집 '꿀잠'의 주춧돌을 세울 수 있었다.

'꿀잠'과 오마이뉴스가 두 분의 말씀을 엮어 대담집을 만든다고 나섰을 때도 두 어른은 손사래를 쳤다. 하지만 이번에도 설득은 그리 어렵지 않았다. 두 어른은 수십 년 동안 길 위에서 민중과 함께 '외치는 자'였고, 고통의 거리에 천막 교회를 짓고 십자가를 세우는 '남은 자'였다. 비정규노동자들이 꿀잠 잘 곳을 짓는다는데, 그 부족한 비용을 채우겠다는데, 이를 마다할 어른들이 아니었다.

촛불정국이 시작되던 2016년 10월, 제주 강정마을에 계신 문 신부님을 찾아갔다. 책에 실을 말씀을 한 차례 더 듣기 위해서였다. 신부님의 작업실에 들어서니 가장 먼저 눈길이 가는 곳에 백기완 선생님이 보내신 큼지막한 붓글씨 액자가 걸려 있었다.
"돌개바람 갈라치는 외로운 깃발이여."
보름 뒤 서울 대학로에 있는 통일문제연구소에서 백기완 선생님을 만났다. 전에 보이지 않던 커다란 새김판이 정면에 걸려 있었다. 문 신부님이 나무판에 새겨 선물한 글씨는 바로 〈묏비나리〉의 "산 자여 따르라"였다.
거리의 백발 투사와 길 위의 신부는 이렇게 평생을 함께한 동지였고, 서로의 자부심이었다.
이 책 《두 어른》이 세상에 나올 때쯤이면 비정규노동자들이 '꿀잠'에서 하룻밤 쉬어갈 수 있을 것이다. 이 책은 차별 없는 새로운 세상을 만들기 위한 두 어른의 참여와 연대이며, 지금까지 걸어온 그 길 위에 마지막까지 남겠다는 두 어른의 뜻이다.

'꿀잠'의 송경동 시인과 노순택 작가의 열정적인 도움이 없었다면 이 책은 세상에 나오지 못했다. 오마이북 서정은 편집장은 책을 기획하고 수십 번에 걸쳐 녹취 원고를 정리하며 두 어른의 성찰과 경책의 말씀을 다듬었다.

이 책의 판매 수익은 모두 '꿀잠'을 위해 쓰인다. 이 책을 펼쳐든 독자 여러분도 비정규직 없는 세상을 만드는 데 벽돌 한 장 올린 것이다.

마지막으로 백기완 선생님과 문정현 신부님. 수십 년 동안 거리에 머물면서도 지치지 않고 이렇게 따뜻한 연대의 손을 내밀어주셨다. 우리의 동지이자 우리 시대의 스승, 백발의 두 어른이 있어 무척 고맙다.

2017년 여름
오마이뉴스 서교동 마당집에서
김병기

두 어른

1판 1쇄 펴낸날 | 2017년 11월 8일
1판 4쇄 펴낸날 | 2018년 5월 10일

지은이 백기완·문정현
펴낸이 오연호
본부장 김병기
편집장 서정은 편집 김초희 관리 문미정

펴낸곳 오마이북
등록 제313-2010-94호 2010년 3월 29일
주소 서울시 마포구 월드컵북로 396 누리꿈스퀘어 비즈니스타워 18층 (03925)
전화 02-733-5505(내선 271) 팩스 02-3142-5078
홈페이지 book.ohmynews.com 이메일 book@ohmynews.com
페이스북 www.facebook.com/Omybook

기획 오마이뉴스, 비정규노동자의 집 '꿀잠'
대담 김병기
두 어른 소개 글 노순택
사진 노순택·박승화·정택용·채원희
책임편집 서정은
디자인 여상우
인쇄 천일문화사

ⓒ 백기완·문정현, 2017

ISBN 978-89-97780-26-6 03300

이 도서의 국립중앙도서관 출판예정도서목록(CIP)은 서지정보유통지원시스템 홈페이지(http://seoji.nl.go.kr)와
국가자료공동목록시스템(http://www.nl.go.kr/kolisnet)에서 이용하실 수 있습니다.(CIP제어번호: CIP2017027569)

오마이북은 오마이뉴스에서 만드는 책입니다.
이 책의 모든 수익금은 비정규노동자의 집 '꿀잠'을 위해 사용됩니다.